AF495406

# CATALOGVE
## DE LIVRES D'ESTAMPES ET DE FIGVRES EN TAILLE DOVCE.

Avec un dénombrement des pieces qui y ſont contenuës.

*Fait à Paris en l'année 1666.*

Par M. DE MAROLLES Abbé de Villeloin.

*In imagine pertranſit homo.* Pſ. 38. 7.

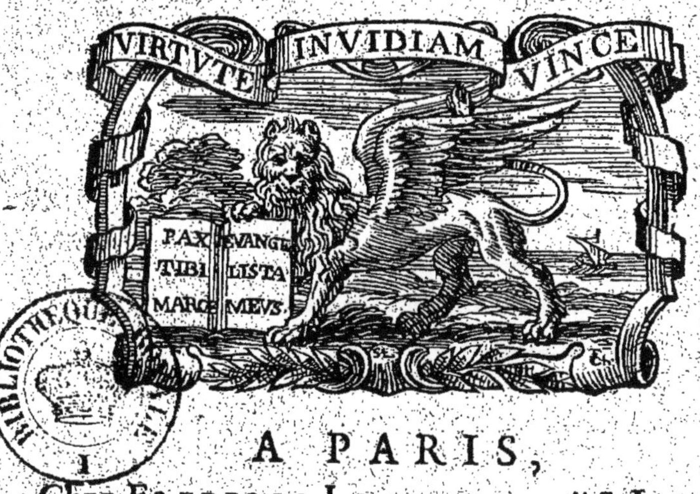




A PARIS,
Chez FREDERIC LEONARD, ruë S. Jacques, à l'Eſcu de Veniſe.

M. DC. LXVI.

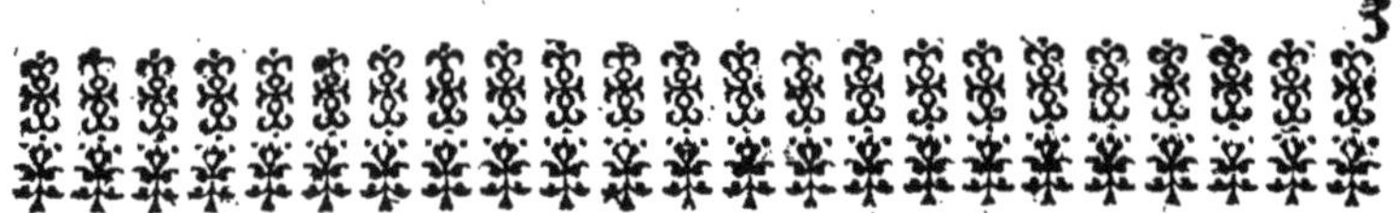

# CATALOGVE DE LIVRES d'Estampes & de Figures en tailles douce.

## Avec un dénombrement des pieces qui y sont contenuës.

*Fait à Paris en l'année 1666.*

Par M. DE MAROLLES Abbé de Villeloin.

*Imago enim est & opus est.* Sap. 13. 16.

---

## DISCOURS EN FORME DE PREFACE.

IE ne me fusse peut-estre pas avisé de moy-mesme de travailler à cét Inventaire, de peur de donner envie à quelqu'un du Recueil que j'ay fait des plus belles Estampes des meilleurs Maistres anciens & modernes, lesquelles j'ay recherchées en divers lieux depuis quarante ans, avec un soin tres-laborieux, si les prudens conseils d'un personnage Illustre par sa vertu & par sa condition, ne m'y eussent obligé en quelque sorte, pour beaucoup de raisons qu'il n'est pas necessaire de dire icy.

D'ailleurs ne voyant personne dans ma famille qui pust conserver aprés moy une chose si agreable & si curieuse ; j'en veux bien laisser au moins cette petite marque au public, pour en faire concevoit un pareil desir à quelqu'un, si l'occasion s'en offre jamais à propos.

Et certes si plusieurs personnes de qualité, qui ont de l'esprit, aussi bien que des richesses, sçavoient le plaisir que donnent les belles Estampes, lesquelles contiennent presque tout ce qu'il y a de plus considerable dans les ouvrages exquis des plus grands Peintres & Sculpteurs qui ont vescu en divers siecles, il est certain qu'il ne s'en trouveroit pas assez pour contenter leur curiosité; puisque déja mesmes, elles sont aujourd'huy si rares, non seulement des vieux Maistres, & de tous ceux qui se sont acquis le plus de reputation dans leur Art; mais encore des mediocres de l'autre siecle, qui ont travaillé à des sujets importans, que telles pieces qui sont aujourd'huy si cheres, doubleroient leur prix, & iroient peut-estre bien encore au delà, si elles se trouvoient à vendre.

Il y en a de telles, quand elles se peuvent trouver bien conditionnées, c'est à dire entieres, blanches de papier, & de belle impression, lesquelles sont presque uniques, ou qui se trouveroient à peine doubles ou triples dans tout un grand Royaume comme la France, tant elles sont rares de la sorte que je le dis. Car pour les Estampes originales des plus grands Maistres, lesquelles sont ou gastées, ou mal imprimées, ou de planches usées, il s'y en trouveroit sans doute bien davantage; mais les Curieux qui s'y connoissent, ne les estimeroient nullement, & n'en donneroient rien du tout. Et certes la difference, pour le prix, s'y trouve souvent entre telle & telle Estampe originale, avec la mesme proportion qu'il y a entre dix sols & dix Loüis d'or.

Ainſi par exemple, on pourroit trouver une œuvre d'Albert complette des cent quatre pieces en taille douce qu'il a faites, pour deux ou trois cent francs ; mais il s'en trouve auſſi de ſoixante, de quatre-vingts, & de cent piſtolles : Et celle qui eſt dans mon Recueil, laquelle fut faite en partie par feu Monſieur l'Abbé de ſaint Ambroiſe, eſt incomparable, auſſi fut-il quarante ans à la faire, ſans parler de douze pieces uniques à la plume, & au crayon, de la main du meſme Albert, leſquelles ne ſe trouvent point ailleurs, & ſont des études & des eſſais fort achevez de ce merveilleux Ouvrier, qui n'avoit pas moins excellé au pinceau qu'au burin, outre ſon œuvre en bois & en eſtaing, dont nous avons également recueilly des pieces tres exquiſes.

On en pourroit dire autant, & peut eſtre encore davantage des œuvres de Lucas de Leyde, de Marc Antoine, d'Auguſtin Venitien, de Sylveſtre de Ravenne, de François Parmeſan, de ceux qu'on appelle *les petits Maiſtres*, & des vieux Maiſtres qui ſe trouvent ſi mal-aiſément. Car certainement il ſeroit aujourd'huy fort difficile de faire ces œuvres complettes. Et, ſi je ne me trompe, un grand Prince en feroit mal-aiſément de ſemblables à celles qui ſont tombées entre mes mains, quelque ſoin qu'il y puſt apporter, s'il ne les prenoit dans le grand choix que j'en ay fait.

Cependant ces choſes là, ſont une bonne partie de ce qui nous reſte de meilleur des ouvrages de pluſieurs grands Peintres & Sculpteurs, qui n'ont pas cru ſe rendre moins recommendables par l'invention des belles Eſtampes, que par leurs pieces tant admirées ſur la toile, ſur le bois, ſur le marbre & ſur le bronze, ſi elles ſont ſoigneuſement conſervées dans les Livres, où elles tiennent peu de place, & ne ſe peuvent gaſter, ſi elles y ſont exemptes de l'eau & de feu. Car rien à la longue ne ſçauroit eſtre à l'épreuve de la violence & de la fureur de ces deux Elemens.

Auſſi faut-il avouër que les Livres d'Eſtampes, quand elles ſont exquiſes & bien choiſies, ſont l'un des plus beaux ornemens qui ſe puiſſent apporter dans les grandes Biblioteques; Et partout, on trouve les autres Livres neceſſaires, qui en compoſent à la verité le principal deſſein pour la connoiſſance des Sciences & des belles Lettres, parce que l'impreſſion les a ſi bien multipliez qu'il y en a peu de tres-rares; mais les Livres de belles Eſtampes recueillies de divers lieux, le ſont devenus en un point, que quatre ou cinq Curieux puiſſants, en tariroient la ſource de telle ſorte, qu'il ne s'en trouveroit point du tout hors de chez eux.

Ie ne parle pas icy des pieces communes qui ſe vendent aux coins des ruës, ny chez la pluſpart des Marchands, leſquelles ſont de nulle ou de fort petite conſideration, bien qu'il s'y en trouve auſſi quelquesfois de fort belles; mais c'eſt d'ordinaire ſans aucune ſuitte complette: & il faut pluſieurs années pour y faire ſeulement un Livre de l'œuvre entiere de Raphaël, des Carraches, ou du Parmeſan: Et quelques-uns ont fait des dépences prodigieuſes pour un ſeul Recueil des pieces des vieux Maiſtres, qui ſont ſans datte, ſans nom & ſans marque de Peintres ou de Graveurs, & qui ne ſont connuës que par la maniere, ou qui ſe diſtinguent ſeulement les unes des autres par la figure d'un Caducée, d'un Chandelier, d'une Chandelle qui s'estaint, d'une Estoile, d'un Pot, d'un Boisseau, d'une Escrevisse, d'un Scorpion, d'un Dart, de deux Bourdons croisez, d'une Paële, d'une Sourissiere, d'un Chien, d'une Saulterelle, d'un Oyseau, d'un Lasset noüé, d'un Cube, & quelquefois par une sentence de l'Escriture, ou par le nom de Iesus, beaucoup de celles-là tres-rares, & qui valent tout ce qu'on veut, parce qu'elles ne se trouvent presque point.

Il y en a d'autres aussi plus communes, qui ne laissent pas d'estre estimées, quand l'impression en est belle, sans quoy, pas une seule des unes & des autres ne sçauroit estre recherchée par les Curieux qui s'y connoissent tant soit peu.

Au reste, les Estampes qui representent des Ceremonies, des Entrées de Villes, des Devises, des Emblesmes, des Bastimens, des Statuës antiques & modernes, des Medailles, des Tournois, & des Machines de Guerre ou des Arts mecaniques, ne servent pas moins aux connoissances de l'Histoire, des Sciences divines & humaines, & de tous les beaux Arts, que les autres Estampes, qui representent des Combats de terre & de mer, des Animaux & des Plantes de toutes sortes d'especes, & des portraits des Hommes illustres, aussi bien que les Habits des Nations, les Arbres Genealogiques, les Carthes Geographiques, & les suites historiques des choses saintes & profanes.

I'ay esté beaucoup plus loin en ces choses-là que je ne l'eusse pû croire au commencement : & quoy que j'y aye pris beaucoup de plaisir comme à un divertissement tres-honneste ; si est-ce que je suis persuadé qu'un homme puissant & riche, y en eust encore bien pris davantage que je n'ay fait, parce qu'avec un peu de genie & d'amour pour toutes les belles connoissances, qui s'en peuvent tirer, il l'auroit accomply sans doute avec beaucoup plus de facilité & de magnificence, quoy qu'il eust esté peut-estre bien mal-aisé de le faire avec plus de soin & de propreté. Sans quoy il faut avouër, qu'il ne s'y rencontreroit pas la moitié de l'agréement & de l'instruction qui s'en peut attendre, & qu'il y faut chercher.

Afin donc que cela soit ainsi, les Estampes doivent estre propres & bien choisies, elles doivent estre de belle impression, & disposées en bon ordre, soit qu'on les arrange par les œuvres des Maistres, ou qu'on les dispose par les sujets differens. Au reste, il ne faut pas apprehender d'en remplir toutes les pages d'un livre, pourvû qu'elles ne maculent point comme parlent les Libraires, & qu'elles y soient mises avec proportion. Et certes, elles y seront toûjours beaucoup mieux de la sorte, que si on ne les y mettoient que d'un costé, & qu'il y demeurast toûjours vis à vis une page blanche qui ne serviroit qu'à choquer la veuë, & à multiplier mal à propos les volumes, d'un grand recueil tel que celuy que j'ay pû faire. C'est pourquoy j'ay esté d'avis d'en user d'autre sorte, & de reduire en cinq cent volumes assez considerables, ce que je n'eusse pû renfermer en plus de mille, si je ne les eusse tous remplis de figures de part & d'autre. Il me semble que je n'y ay pas mal réüssi, puis que d'ailleurs les anciennes Estampes ne se gastent point estant ainsi opposées les unes aux autres, quand elles sont bien seiches, & d'une bonne impression.

Il y a neantmoins une methode en ces choses là que

que j'ay gardée pour les mettre proprement sans grossir trop le milieu d'un Livre, quoy qu'il ne faille pas aussi toûjours y apporter tāt de curiosité, qu'il n'y eust rien du tout à desirer, pourvû que d'ailleurs les pieces soient bien cōservées, & qu'elles s'y voyent sans incommodité. Il n'est pourtant pas necessaire de les y coller à plat, & sur tout, les pieces rares & precieuses des grands Maistres, qui se trouvent quelquesfois si malaisément, à quoy peu de colle de farine ou d'amidon, peut suffire aux quatre coins sur de beau papier, dont la dépence aussi bien que de la Relieure des Livres est assez considerable.

Cependant s'il faut parler de leur utilité pour l'instruction de ceux qui les aiment, ou pour former l'esprit d'un jeune Prince, il est certain que les Estampes bien choisies & bien disposées donnent agreablement la connoissance, non seulement de toutes les Sciences, & de tous les beaux Arts, mais encore de toutes les choses imaginables.

La Grammaire y trouve ses elemens, c'est à dire ses lettres, ses syllabes, ses mots, & ses constructions par des figures artistes qui expriment toutes ces choses en diverses manieres. Albert en a mesmes fait des Livres entiers, & nous avons de plus quarante sortes d'Alphabets, Hebreux, Grecs, Latins, & de toutes les autres langues, sans parler des Hyeroglifiques des Egyptiens, & des peuples de l'Orient, avec leurs explications, outre les Livres que nous avons encore d'escritures Italiennes, Françoises, Alemandes, Armeniennes, & autres de plus de cinquante Maistres fameux, avec leur paraphes, & mille traits de plumes ingenieux.

L'Arithmetique y trouve ses nombres, ses chiffres ses additions, & ses soustractions en diverses manieres.

La Rethorique y rencontre ses figures d'éloquence, & ses parties d'oraison.

La Dalectique & la Logique n'y sõt pas destituées de leurs propositions affirmatives, negatives, universelles & particulieres, non plus que de leurs synonimes, entimesmes, & silogismes dans tous les modes qu'ils se peuvent imaginer.

Les voix & les tons de la Musique s'y font presque entendre sur le papier, on y voit en quelque sorte sa melodie & la symphonie de tous ses instrumens, avec ses tablatures, ses games, & ses compositions diverses.

Toutes les parties de la Mathematique s'y representent à l'œil, non seulemẽt pour ses Elements, & pour tout ce qui dépend de la Geometrie, avec tant de sortes d'instruments, de regles, & de compas de proportion, mais encore pour toutes les choses qui dépendent des Mecaniques, où sont comprises les Machines de guerre, & celles qui servent à faire agir le feu, à presser l'air, & à faire remuër la terre & les eaux, avec les inventions d'une infinité de beaux Arts.

L'Astronomie & Astrologie y découvrent mille secrets tres curieux dans leurs divers sistémes, elles y content plusieurs Cieux, avec toutes leurs constellations, & leurs mouvemens si reglez, les Cometes & les autres Estoiles errantes & fixes y sont diligemment observées. On y reconnoit mesmes les Monstres, les prodiges & toutes les choses extraordinaires qu'on y a vû paroistre detemps en temps. Toutes les Spheres y sont agreablemẽt d'escrites; & on y voit encore, s'il faut ainsi dire, des

Tables Topographiques du Soleil & de la Lune.

Toute la Physique s'y dépeint depuis le centre de la Terre jusques aux Estoiles : Car on n'y a pas mesmes negligé les Minieres, les licts des Metaux, les sources des Fontaines & des Rivieres, les Plantes, les Herbes, les Fleurs, & les Arbres, non plus que les Reptiles, les Poissons, les Bestes, & les Oyseaux, dont il y a tant d'especes differentes. Et certes, tous ces Livres-là sont tres-curieux, & recherchez avec un grand soin.

Il y a en a aussi de Squelettes & d'Anatomies.

Il y en a de distillations & de mille singularitez de la nature.

Il y en a d'Habits & des humeurs de toutes les Nations, & des conditions differentes de tous les hommes.

Il y en a de toutes sortes de Guerres & de Combats de terre & de mer.

Il s'y en trouve de toutes sortes de Mestiers, & d'exercices honnestes & serviles.

Plusieurs representent des Funerailles, & des manieres diverses d'honnorer la memoire des vivans & des morts.

Il y a mesme des Livres de Tortures, de Massacres, & de Supplices.

Il y en a de Pompes, de Cavalcates, de Triomphes, & d'Entrées de Villes.

Les Cartes Cosmographiques & Geographiques d'écrivent toutes les parties du monde, & toutes les Provinces connuës de la terre habitable.

Le Theatre des Villes est encore considerable sur ce sujet.

Et s'il falloit parler des choses de l'Architecture, combien en auons nous de traitez differens, & de representations agreables, d'une infinité d'ornemens qui s'y employent dans tous les ordres que les plus grands Architectes se sont imaginez, aussi bien que de la coupe des pierres ?

Les fortifications des Places & des Ports de mer, concernent la mesme discipline.

Les Perspectives, les Cirques, les Naumachies, les Theatres, & les Amphiteatres sont de ce nombre-là, aussi bien que les Livres de l'Obtique, de la Dioptrique, & de l'Art de faire des Cadrans.

Les Jardinages, & les Fontaines y ont beaucoup de rapport.

L'Orfevrie, la Menuiserie, & les Arts de tous ceux qui travaillent en fer, ou qui fabriquent des Estofes façonnées sont dignes ensuitte d'estre considerez.

Il n'y faut pas non plus oublier les Livres de Tapisserie, de Broderie, de Reseüils, de Dentelles, & de pieces emportées.

Mais les Statuës & les Medailles antiques & modernes, & toutes ces basses tailles qui nous sont restées de l'Antiquité, avec les Camaïeux, les Cachets & les Sceaux des Princes ne le meritent pas moins. Ce que nous avons complet dans nos Livres d'Estampes, & avec beaucoup plus de netteté, qu'on ne le sçauroit voir sur les Originaux, quand on les auroit tous recueillis dans un seul Cabinet, ce qui n'est point, & ne sçauroit estre asseurément, quelque soin qu'on y pust apporter; Parce qu'enfin il y a des choses qu'on ne tire pas aisément des Cabinets des grands Princes & des Roys où elles sont singulieres, & ne se peuvent plus trouver que dans les representations qui s'envoyent dans nos Livres d'Estampes. Cependant tout cela sert grandement aux connoissances de l'Histoire ; mais principalement avec les discours & les explications qui s'en rencontrent dans les Livres qu'on en a composez exprés.

Cecy me fait encore souvenir de tant d'inscriptions rares qu'on a tirées des tombeaux des personnages illustres, & d'un si grand nombre de devises, lesquelles on a recueillies des Monumens antiques, ou qu'on a inventées de nos jours.

Nous avons en representation des Tournois, des Mascarades, des Balets, & des Comedies, où les personnes puissantes ont si souvent cherché du divertissement.

Nous avõs de la mesme sorte de Seances d'Estats, & de Conciles, & de toutes sortes de Ceremonies.

Les Histoires saintes & prophanes, aussi bien que les fables heroïques & vulgaires sont representées dans nos Livres d'Estampes.

Les Proverbes mesmes n'y ont pas esté oubliez, non plus que beaucoup d'avantures facecieuses : car je n'ay rien voulu negliger dans cette sorte de curiosité.

Et c'est pour cela mesme que j'y ay recueilly un fort grand nombre de païsages, & de ruïnes diverses, de Villes, de Chasteaux, de Forests, de Marescages, de Rivieres, de Mers, de Tempestes, & de Naufrages.

Il y a encore des Livres de Vaisseaux, & de pieces Maritimes.

Il y en a un grand nombre d'Armoiries recueillies ensemble, tant des Nations Etrangeres, que de la France, les unes toutes simples, & les autres enrichies de leurs ornements, lesquelles ne sont pas inutiles à la connoissance de l'Histoire.

Il y en a jusques aux marques des Chevaux.

Quant aux Portraits des Personnages illustres, le prodigieux nombre que j'en ay recueilly de divers Maistres, se verra marqué cy-aprés.

Je n'ay pas negligé de ramasser aussi plusieurs pieces où sont representées les figures qui s'expriment sur les pains à chanter.

Et pour les œuvres des grands Maistres (ce qui est le plus considerable,) le dénombrement s'en fera cy-apres, attendant que l'on travaille à l'édition de mon Histoire des Peintres, où il sera parlé plus amplement de chacun d'eux, sans que je comprenne au nombre des pieces que j'ay recueillies toutes celles qui se trouvent dans plusieurs Livres des Sciences & des Arts que j'ay marquez cy-devant, je dis *toutes*, parce qu'il y en a quelques-unes des principales que j'ay crû n'y devoir pas estre obmises.

Cependant si ce grand Recueil que j'ay fait tombe un jour en quelque main puissante, il luy sera facile d'y adjoûter les choses qui y manquent pour le rendre toûjours plus parfait; puis qu'à mesure que les beaux Arts se multiplient, les excellents Ouvrages de cette qualité s'augmentent aussi de jour en jour; & il s'en peut encore trouver quelques-vns des Anciens qui ne sont pas venus à ma connoissance, lesquels il y faudroit adjoûter aux lieux où ils pourroient manquer, ce qui seroit fort facile par l'ordre que j'y ay apporté. Et certes, il est tel par la connoissance que je me suis acquise en ces choses-là, que si je voyois une piece antique ou moderne, je m'appercevrois tout aussi-tost, si je l'ay mise en sa place, ou si je ne l'ay point du tout. Ce qui seroit peut-estre mal-aisé à croire d'un nombre aussi prodigieux que l'est celuy des Estampes que j'ay assemblées, si je ne l'avois éprouvé plusieurs fois. Mais le discernement des noms, des sujets, & des manieres, avec un peu de memoire locale fait tout cela sans beaucoup de peine : Et quand cela ne seroit pas, l'inconvenient n'en est pas de grande consequence, pourvû d'ailleurs qu'on sçache l'Art de ranger chaque chose en son lieu.

De toutes lesquelles choses, j'ay recueilly Cent vingt-trois mille quatre cent pieces, de plus de *Six* mille Maistres, en Quatre cent grands Volumes, sans parler des petits qui sont au nombre de plus de Six vingts, ce qui ne seroit peut-estre pas indigne d'une Bibliotheque Royale, où rien ne se doit negliger.

Il se rencontre donc entr'autres choses dans le prodigieux amas que j'ay fait pour cette sorte de curiosité plus de 17300 Portraits. 3150 Images diverses de la Vierge, tantost avec l'Enfant Jesus, & tantost seule, entourée des rayons de la Gloire, où il y en a 82 de Raphaël. 10 de Michel Ange. 73 des Carraches. 39 en clair obscur. 28 de Rubens. 34 de Jules Bonasone. 87 de François de Parme. 24 de Vanius. 47 de Marc-Antoine. 11 de Goltzius. 15 de Vandick. 9 de Lucas de Leyde. 23 d'Albert. 8 de Correge. 89 du Guide. 17 de Cherubin Albert. 5 de Schiaminose. Sans rien dire icy des pieces Morales, Emblematiques, historiques ou profanes de Raphaël, de Titien, de Jules Romain, de Raphaël de Regge, de Jules Bonasone, de Marc-Antoine, du Parmesan, de François de Bologne Abbé de S. Martin, des Bassans, du Tintoret, de Barroche, de Vanius, du

Correge, du Guide, de Tempeste, de Caralius, de Pietre Teste, de Pietre de Crotone, de Poussin, de Polidore, de Villamene, de Cherubin, de Maistre Roux, de Martin Rota, d'Eneas Vicus, des Sadelers, & de plusieurs autres qui seront nommez cy-aprés.

Il y a plusieurs suittes de la Genese, & des autres histoires de la Bible; mais outre cela, il s'y trouve 23 fois l'Image de la creation du Monde. 121 Estampes d'Adam & d'Eve. 16 de Cain qui tuë son frere. 15 du Deluge universel, & de Noé. 53 d'Abraham. 31 de Loth. 23 de Sanson. 96 de David. 25 de Salomon dans sa gloire. 49 de Moyse. 83 de Judith. 43 de Susanne. Il y a 11 fois les Prophetes. 12 fois les Sibyles. 119 fois les Apostres. 68 fois les Evangelistes. 24 fois les Docteurs de l'Eglise. Il y a 101 Regards de nostre Seigneur & de la Vierge. 19 fois le Mariage de la sainte Vierge & de saint Joseph. 31 fois la Vie de nostre Seigneur. 10 fois la Vie de la Vierge. 45 Presentations de la Vierge. 203 Annontiates. 64 Visitations. 294 Nativitez. 23 pieces de l'Ange qui parle aux Pasteurs. 20 Circoncisions. 151 Adorations des Mages. 129 fuites en Egypte. 63 fois le Massacre des saints Innocens. 60 fois le petit Jesus. 17 fois Jesus dans le Temple à l'âge de douze ans. 46. fois le Baptesme de nostre Seigneur. 98 fois l'histoire de sa Passion. 77 fois sa Cene. 60 fois la priere & la prise de nostre Seigneur au Jardin. 58 Flagellations. 20 Coronations d'épines. 133 fois l'*Ecce Homo*. 71 fois Jesus portant sa Croix. 59 Veroniques. 430 Crucifix. 172 Descentes de Croix. 189 fois le Christ mort. 88 Sepulchres de nostre Seigneur. 13 Descentes aux Enfers. 119 Reſurrections 68 Apparitions de noſtre Seigneur apres ſa Reſurrection. 38 Aſcentions. 54 fois la deſcente du ſaint Eſprit. 57 fois l'image du Sauveur. 16 Treſpas de la Vierge. 98 Aſſomptions. 24 Coronations. 36 Samaritaines. 63 fois le dernier Jugement. 35 fois la gloire des Saints. 13 Apocalypſe. 12 fois la Transfiguration de noſtre Seigneur.

87 fois ſaint Michel. 17 fois ſaint Joſeph. 178 fois ſaint Jean Baptiſte. 32 fois S. Pierre & ſaint Paul enſemble. 66 fois ſaint Pierre Apoſtre. 51 fois ſaint Paul. 10 fois S. Jacques, & ainſi des autres Apoſtres à proportion. 41 fois ſaint Eſtienne. 43 fois S. Laurent. 113 S. Sebaſtien. 64 fois ſaint Georges. 61 fois S. Chriſtofle. 21 fois S. Nicolas. 23 fois S. Martin. 226 fois S. Hyeroſme. 45 fois S. Auguſtin. 70 fois S. Anthoine. 34 fois S. Roch. 41 fois S. Benoiſt. 27 fois S. Bruno. 24 fois ſaint S. Bernard. 224 fois S. François. 27 fois S. François de Paule. 40 fois S. Ignace, & ainſi à proportion des autres ſaints Martyrs & Confeſſeurs. 205 fois ſainte Marie Magdelaine. 19 fois ſainte Anne. 133 ſainte Catherine. 40 fois ſainte Cecile. 52 ſainte Barbe. 31 ſainte Marguerite, & ainſi de pluſieurs autres, avec des 14 15 & 16 fois les mois de l'année, les Saiſons, les Elements, les quatre parties du Monde, &c. & de plus encore 60 deſſeins à la main de Maiſtres conſiderables.

J'ay parfaitement aimé ces choſes là, & je les aime encore. Mais par je ne ſçay quelle étrange fatalité qui ne ſouffre pas long-temps à toutes ſortes de perſonnes une joüiſſance ſi agreable : & n'ayant pas d'ailleurs dans ma famille des perſonnes aſſez riches, ou aſſez curieuſes de ces choſes là, pour se les conserver, j'apprehende bien qu'aprés ma mort, elles ne se dissipent, & que tout d'un coup, un corps qui s'est formé peu à peu de diverses parties, de plusieurs endroits avec assez de difficulté, ne vienne à se démembrer : Car il n'est pas croyable qu'il fust bien aisé d'en faire autant, en peu de temps, ayant ramassé ensemble avec soin, ce que les principaux Curieux en ce genre là avoient recueilly de tous costez à grands frais. C'est pourquoy j'en ay bien voulu laisser un estat au Public, pour luy faire concevoir au moins jusques à quel point se peut porter cette sorte de curiosité, où il se rencontre tant de choses agreables, & si utiles pour l'instruction d'un jeune Prince par l'industrie de quelqu'un qui en sceust bien user.

Il est certain aussi que de toutes les choses qu'on estime pour servir à l'embellissement & à l'augmentation d'une grande Bibliotheque, il n'en est point de plus belle ny qui puisse moins coûter. Non pas que les Livres d'Estampes ne soient beaucoup plus chers que les autres Livres; mais parce que les choses qui s'y trouvent, lesquelles sont quelquesfois si rares, ne coustent rien en comparaison des pieces en huile, sur le bois, ou sur la toile, de la main de ceux qui se sont acquis le plus de reputation en l'Art de Peinture, sans parler des Ouvriers qui ont excellé en Sculpture & en Architecture, dont les Ouvrages ne se peuvent transporter d'un lieu à autre. Cependant l'esprit de toutes ces choses là, se trouve en peu d'espace dans un tel Recueil que celuy que j'ay fait, duquel voicy un simple Inventaire attendant que je puisse mettre au jour un plus grand Ouvrage que j'ay composé sur ce sujet, où je feray mention de plus de huit mille perſonnes de diverſes Nations, qui ont excellé, ou qui du moins ſe ſont acquis de la reputation en l'Art de Portraiture, de Peinture, & de Sculpture. J'y comprendray auſſi l'Hiſtoire des ſçavans Architectes, des meilleurs Maiſtres d'Eſcriture, & de ceux qui ont travaillé avec le plus de ſuccés en Broderie, en Orfévrie, en Menuiſerie, en Miniature, en Peinture ſur le verre, en Emaux, ou qui ſe ſont ſignalez par leurs admirables Ouvrages en Fonte & en Poterie.

Je commenceray cét Inventaire par les Maiſtres dont les Oeuvres ſont eſtimées entre toutes les autres, & puis je viendray aux Livres de ceux qui ſont de moindre reputation. En ſuitte dequoy, je reprendray les Ouvrages de ceux qu'on appelle les vieux Maiſtres & les petits Maiſtres, qui ſont auſſi grandement eſtimez: Tout cela ſuivant les cottes des Livres qui ſont marquez par les lettres capitales de l'Alphabet, lequel y eſt reïteré pluſieurs fois, & multiplié à proportion de leur nombre par les chiffres Romains, avec le chiffre Arithmetique pour la quantité des Volumes. Mais ſans repeter icy les lettres de l'Alphabet, (ce qui ſeroit ennuyeux) je me contenteray de marquer chaque article, par le chiffre Arithmetique, ou par le nombre Romain des meſmes Livres.

## I. RAPHAEL D'VRBIN.

L'OEVVRE de ce Peintre fameux, contenuë dans un Livre en double feüille, relié en Marroquin de Levant, est de 740. pieces, dessinées & gravées par luy-mesme, par Marc-Anthoine, Augustin Venitien, Silvestre de Ravenne, Nicolas Beatricius, Jules Bonasone, le Burgean, Lanfranc, Cherubin Albert, Andreas Andreatius de Mantouë, François Parmesan, Villamene, Goltzius, Georges Mantuan, Augustin Carrache, Corneille Cort & Corneille Buz, Eneas Vicus, Diana Mantuana, Adam de Mantouë, Corneille Bloemar, Leon d'Aven, Nicolaus Verdura Prestre de Savonne, Raphaël Schiaminose, Baptiste del More, Georges Pents, François Perrier, Martin Rota, Giles Rousselet, François Poilli, Lucas Vosterman, Pierre Scalberge, Philippe Thomassin, Simon Bernard, Carlo Maratti, Lombard Lomb, Pierre Lombard, Baptiste Franc, Jean Baptiste Franceschi, & Jean-Baptiste de Cavallerijs, Philippus Dattus, Theodore Mathan, Gislebert Venius, Nicolo Francesco Mafei, Lucas Guarinoni, Ioachim Sandrart, le Badalocchi, Nicolas Chapperon, Pierre Soutman, Pietro Santi, Sebastien Vovillemont, Paulus Pontius, VVencesłas Holar, Iean Morin, Sebastianus à Regibus, Corneille Met, Hierosme Cock, I. Troyen, Remy VVibert, Pietro Santi, & plusieurs autres sans nom, dont les ouvrages ont esté debitez à Rome & ailleurs, chez Antoine Salamanque, Antoine Laffreri, Thomasius Barlachius, Horatius Pacificus, Petrus Stephanonius, Michaël Tramesinus, Nicolo Van Aolst, Hieronimus Cock, Gio Batt. Rossi, Iean Meyssens & autres.

### II. MICHEL-ANGE BONAROTE.

Il estoit de Florence, grand Peintre, grand Sculpteur & grand Architecte, dont les Ouvrages ont esté gravez par Jean-Baptiste Mantan Milannois, Adam de Mantouë, Jules Bonasone, Augustin Venitien, Estienne du Perac, Jacques Mercier François, Jean Bapt. de Cavalleriis, Matthieu Greuter, apres Carlo Mederli, Georges Mantuan,

Cherubin Albert, Corneille Cort, Nicolas Beatricius, Leon d'Aven, Denis Cuerembert, Antoine Tempeste, Pierre Biart, Theodore Mathan, Eneas Vicus de Parme, Philippus Sirceus, Sebastianus à Regibus, Marc-Antoine, Martin Rota, Lucas Bertellus, Dominico Florentino, Q. Boël, Michaël Luccensis & plusieurs autres. Son œuvre est de 320. pieces.

## III. LES CARRACHES.

C'est à dire Annibal, Augustin & Louys Carrache, dont les œuvres sont contenuës dans un grand in fol. de double feüille de pieces exquises & singulieres dans une beauté extréme, peintes ou dessinées par eux mesmes, & par Antonio Campo, Jacques Tintoret, Paul Veronese, Denys Clavart, Raphaël de Regge, Laurentius, Sabadius de Bologne, Jacques Ligosse, Antoine Correge, François Vanius, Raphaël d'Urbin, Bernardus Castellus, & Baltazar Perrucius de Sienne; le tout encore gravé par eux-mesmes, & par Pietro & Jacomo Antonio Stephanoni, sans parler des pieces qui ont esté faites apres eux par Karle Audran, Michel l'Asne; François Brice, Gilles Rousselet, Pierre Daret, Pierre Lombard, François Collignon, Raphaël Sadeler, Giles Mestaert, François Tortebat, Simon Guillain, Corneille Bloemar, Nicolas François Maffeo, Hierosme Rous, Jean-Baptiste Pascalin, Jean Couvai, Theodore Kessel, Charles Marat, Luc Vostreman, Coriolan, Estienne Colbents, Pierre de Balliu, Pierre Lesibeten, François Steer, Corneille Caukercken, Nicolas Pitau, Jean Morin, Carlo Cæsio, Pierre Delpo, Fides Gallitia, Jean Baronius, Luc Ciamberlan, Michel Natalis, G. le Juge Francesco Paria, Luigi Scaramutcia, Francesco Perugino, I. Persin, Jacques de Billi, Corneille Galle, Nicolas Mignar, & par d'autres qui n'ont point marqué leur nom, dont les pieces se vendoient autresfois chez Lucas Bertelli, Mattheo Florini, Mara Clodio, Horatio Bertelli, Nicola Van stelst, Christophoro Blanco, Donato Rasioti, I. Paulini, Gasparo da Lælio & Andrea Vacario. Il s'y trouve en tout 784. pieces.

## IV. CLAIR OBSCUR.

Le Livre qui contient les pieces en clair obscur, c'est à dire, de pieces de divers Maistres, exprimées de trois couleurs, par le moyen de trois planches diverses, est d'un double infolio, apres les excellentes œuures de Raphaël d'Vrbin, de Michel-Ange, de Titien, de François Parmesan, de Vanius, & de Micarins de Sienne, du Guide, de Frideric Barroche, du Palme, de Ligosse Veronese, de Raphaël de Regge, d'Holbeins, de Lucas, d'Albert, de Luvino, de Vignole, d'André del Sarte, de Maistre Roux Florentin, de Maïr, de Pierre Paul Rubens, de Giuseppe Scolari Peintre de Vicence, de Lucas Granis, de Juan Fortuna Fortunius, de Jean Balognese sculpteur excellent, de Mathurin, de Polydore Caravage, de Bernard Malpuce de Mantouë, de Jules Romain, d'André Manteigne, de H. Burgmair, de Franc Flore, de Georges l'Aleman, de François Perrier, & de plusieurs autres Maistres anciens & modernes. Tout cela dessiné & gravé par Andrea Andriani de Mantouë, Nicolas Rosillianus de Vicenze, le Chevalier Bartholomeo Coriolano, Hugues de Carpo, Dominique Falcine, & par autres qui n'ont pas marqué leurs noms. Ce Recueil est de 500. pieces d'une beauté singuliere, où il y en a une entr'autres de la propre main de Raphaël, qui est une fuite en Egypte, où la Vierge qui porte son Enfant, passe sur vn Pont sous la conduitte de Ioseph, qui tient l'Asne par la bride. Ce Livre est certainement tres-considerable. 500. pieces.

V. Ce Livre en grandes doubles feuilles, & couvert en veau fauve contient les œuvres de dix-huit Maistres fameux d'Italie, que je nommeray en suitte.

FRIDERIC BARROCHE.

De la Ville d'Vrbin, dont j'ay recueilly 32. pieces considerables, lesquelles sont toutes grandes & bien choisies, gravées par luy-mesme, & par Philippe Thomassin, Theodore Galle, Statius Flamen, Raphaël Schiaminose, Laurentius Vacarius, Corneille Cort, Bapriste de Parme, Raphaël Guidi, Gisbertus Venius, Gilles Sadeler, Jean Sadeler le jeune, Adrian Collaert, François Villamene, Lucas Ciamberlanus, Pietre de Jode, Augustin Carrache, & par quelques autres, qui n'ont pas marqué leur nom.

JACQUES TINTORET.

De Venise. Il y a 50. Pieces de Jacques Tintoret, gravées & dessinées par Victorius Classicus Sculpteur & Architecte, Louys Pozzozorat Flaman, François Chauveau, I. Troyen, Lucas Vosterman, Van Hoij, Claude Melan, Ossenbeck, Juste Sadeler, Carlo Sacco, Gilles Sadeler, Odoard

Fialetti, Lucas Kilian, Pierre Lisibeten, Theodore Mathan, Nicolas Bravu, Dominique Custos, Augustin Carrache, Carus Visscher ; Raphaël Sadeler, Dominique Tintoret, Theodore Kessel, & autres qui n'ont pas marqué leur nom.

PAUL VERONESE.

Son œuvre est de 58. Pieces gravées par luy-mesme, & par Augustin Carrache, Q. Boël Theodore, Van Kessel, I. Troyen, P. Lisibeten, V. Hoij, Pierre Brebiette, Venceslas Hollar, M. Sadeler, Mattheo Piccioni, Carlo Sacchi, VVolfang Rilian, François Villamene, Jacomò Picino, E. Bonnejonnæ, Henry Vander Barcht, Theodore Mathan, Nicolas Cochin, Iean Saenredan, Gio Bapt. Vanni, Michel l'Asne, Bapt. Fontane, & autres qui n'ont point marqué leur nom.

FRANÇOIS & IOSEPH SALVIATTI.

L'œuvre de ces deux cy est de 18. pieces toutes grandes, lesquelles ont esté gravées par Diana Mantuana, Iacques Mathan, Philippe Thomassin, M. Sadeler, Iean Bapt. de Cavalleriis, VV. Hollar, Juste Sadeler, Eneas Vicus de Parme.

IACQUES LIGOSSE.

Nous avons recueilly de luy 11. Pieces gravées par Dominique Custos, Augustin Carrache, Theodore Galle, Raphaël Sadeler, Dominique Falcinc, Philippe Thomassin, André Andreassi & autres qui n'ont point marqué leur nom.

POMPEIO AQUILANO.

En 13. grandes pieces gravées par Heratio de Santis, Raph. Sadeler Bath. de Cavalleriis, Phil. Thomassin.

LE PODERNONE.

En dix pieces de la graveure de I. Licinius, I. Troyen, Oliviero Cattipicentino, & d'Odoard Fialetti.

MARCO ANGELO DEL MORO DE VERONE.

En 30. pieces gravées par Benedetto Stephani, par luy-mesme apres Raphaël d'Urbin, Jules Romain, Titien, Bernardin de Cremone, Andrea del Santo, François Parmesan, & autres, toutes pieces tres-considerables, par Jacques de Verone, Oricate Comelli.

BAPTISTE DEL MORO, ET BAPTISTE, IULES ET DOMINIQUE FONTANE DE VERONE.

En 144. pieces toutes considerables, plusieurs desquelles

sont apres le Titien, & Fr. Parmesan, & sont dessinées admirablement; & entr'autres son grand Jugement, son portement de Croix; son S. Jean dans le desert, son S. Pierre le Martyr de l'Ordre des Dominicains; son S. Laurent sur le Gril gravé par Jacques Franha, & le reste. Il a fait par deux fois differentes l'Histoire de Romulus, l'une en vingt-sept pieces, auec des inscriptions Latines, & l'autre en 6. pieces; avec des inscriptions Italiennes. Il y a quatre païsages de luy entr'autres tout a fait excellens, & dignes du Titien de l'Année 1557. On y peut voir aussi son Andromede. La Religion de Cesar se prosternant toute nuë devant la Valeur & la Paix; est de Jules Fontane. Dominique Fontane inventa les machines necessaires pour l'élevation de l'obelisque, du temps du Pape Sixte V.

FEDERIC ET THADEO ZUCCHARO DE S. ANGE.

J'ay recüeilly de ces deux Peintres fameux de la Ville d'Urbin, 41. pieces gravées par Corneille Cort. Et Frideric Zucchre, qui a travaillé à l'Escurial pour le Roy Catholique, y a peint & gravé un S. Ierosme qui écoute les discours de la Pieté Chrestiene, au dessous d'un Christ mort, soustenu par un Ange au pied de la Croix. Raphaël Sadeler a gravé son Annontiate entre les Prophetes & les Docteurs, apres Corneille Cort, & ses autres Graveurs, aussi bien que de Thadeo son frere ont esté Ph. Thomassin, Jacques Mattan, Corneille Galle, Pietro Stephanoni Cherubin Albert. Ce qu'il y a de plus beau de Thadeo est sa Conversion de S. Paul, & le Martyre du mesme Saint.

GEORGE GHISI MANTUAN.

Il y à cinquante pieces de celuy-cy recüeillies dans ce Volume, & entre'autres les six grandes Voutes de Michel-Ange, d'une beauté singuliere aussi bien que les autres pieces qu'il a faites apres Jules, Romain, & Jules Mantuan, François de Bologne, Angilo Branzini, Julius Campus de Cremone, Perrin de la Vague appellé *Pirinus*, Lucas Penis, & Theodoro Ghisi.

DIANA MANTUANA. Fille de Iean Baptiste Mantuan.

Citoyenne de Volaterre, dont nous avons le Portrait, a gravé apres Raphaël, Antoine Correge, Federic Zucchre, Iulio de Campi, Georges Vasari Aretino, Raphaël de Regge, Iean Baptiste Mantuan son pere, qui est une descente de Croix, Parisi Romano. Sa plus considerable piece est la

grande

la grande Bacchanale de Jules Romain, qu'elle grava avec Privilege du Pape Gregoire XIII. & qu'elle dédia au Seigneur Claude Gonzagues, en 1575. & encore le bas relief antique du mesme Jules Romain, qu'elle dédia au Seigneur Scipion Gonzague.

### ADAM MANTUAN.

A gravé 90. pieces de Statuës diverses dessinées & figurées par Michel-Ange, & encore quelques autres apres Raphël, & Jules Romain jusques au nombre de 114 pieces.

*Autres Pieces contenuës dans ce mesme Volume*

Jusques au nombre de 21. & entr'autres le Triomphe d'André Dorie du dessin de M. Egnace Dante de l'Ordre des Predicateurs, qu'il peignit par le commandement du Pape Gregoire XIII.

Le Martyre de sainte Catherine sur la Rouë de I. Romain, & quelques autres pieces apres Raphaël d'Urbin, Ferrau Fensonius de Faense, d'Hippolite Andreasius, de Iean Baglioni & de quelques autres, tout cela contenu en ce volume de 615 pieces.

### VI. JULES ROMAIN.

L'œuvre de ce Peintre fameux Disciple de Raphaël, & qui a porté aussi le nom de Jules Mantoüan, parce quil avoit travaillé fort long-temps à Mantouë, est contenuë dans un grand Volume de doubles feüilles, au nombre de 216. pieces gravées & dessinées par luy-mesme, & par Leon Daven, Diana Mantuana, Aresso Donato, Bertelli, Michaël Lucensis, Jules Bonasone, Baptiste Franc, George Pentz, Georges Mantuan, Beatricius, Adam Mantuanus, F. Bourlier, Pierre Santes, VV. Hollar, I. Troyen, Phil. Galle & plusieurs autres qui n'ont pas marqué leur nom.

### IEAN BAPTISTE BERTANO MANTUAN.

Ce Peintre a fait aussi quelques pieces que j'ay renfermées dans ce mesme volume, lesquelles il a gravées luy-mesme, ou par Georges Ghisi Mantuan, comme son Jugement de Paris, sa Procris, son Sinon & sa prise de Troye.

### BACCIO BANDINEL.

Son œuvre est contenuë dans le mesme volume, avec son portrait fait par luy-mesme, & par Nicolo de la Casa, son Academie des Peintres est gravée par Engas Vicus, & son Martyre de S. Laurent, par Marc Antoine, ses Innocents par Sylvestre de Ravenne. Ses autres pieces ne sont pas marquées des noms des Maiſtres qui les ont faites.

JACQUES FLORENTIN.

Il y a ſa Nativité de la Vierge, gravée par Jules Bonaſone, & ſa Pomone qui preſente ſes fruits à Apollon.

LIVIUS AGRESTUS.

Il y a ſon Chriſt de douze ans parmy les Docteurs.

PHILIPPUS DATUS.

A fait le Songe de Raphaël d'une beauté exquiſe.

LIVIUS FORLIVETIANUS.

La Cene du Seigneur, dediée au Cardinal de Sainte Severine, par Gaſpard Albertus ſucceſſeur de Palumbe, & quelques autres gravées par I. Bapt. de Cavalleriis.

IEAN BAPTISTE DE CAVALLERIIS.

Sa deſcente de Croix, ſon Crucifiement, ſa Reſurrection de Livius Agreſtus, ſon Chriſt multipliant les pains dans le deſert, apres Raphaël qui eſt ſon chef-d'œuvre, ſon Navire de S. Pierre, apres le Tableau de Jotto Florentino, quelques autres pieces apres Raphaël d'Urbin, comme ſes Statuës de S. Pierre & de S. Paul, quelques autres apres Livius Agreſtus, & le grand Navire de l'Egliſe fait par Aſcanius Palumbus en 1559.

Tout le contenu de ce Volume de 377 pieces, la pluſpart d'une feüille entiere.

VII. FRANÇOIS PRIMATITIO DE BOLOGNE, Abbé de Saint Martin.

L'œuvre de ce Peintre celebre du temps du Roy François I. fait la plus conſiderable partie de ce gros volume, qui eſt de feüilles doubles, & conſiſte en 486 pieces de divers graveurs, tels que Leon d'Aven, Georges Mantuan, Dominique Florentin, Diana Mantuana, Georges Mantuan, Gr. Veroneſe, Jules Bonaſone, & autres.

LOMBARD LOMB.

Eſt dans le meſme volume, & ſon œuvre contient 27 pieces, les plus conſiderables deſquelles ſont le Lavement des pieds des Apoſtres, & la Cene du Seigneur, pluſieurs pieces de cét Autheur, gravés par Pierre Mirycinis, & par Hans Collaert.

LAMBERTUS SUAVIUS.

De Liege, ſon œuvre eſt de 48 pieces, où ſont les Images des douze Apoſtres debout, ſa Reſurrection du Lazare en grand, eſt une de ſes plus conſiderables pieces, avec ſes statuës des Sibiles, & parmy celles-là il s'en trouve une du Bronzin, qui est un Passage de la Mer Rouge.

LUCAS PENIS.

Son œuvre est de 28 pieces d'une grande beauté, dont il y en a une de gravée par Martin Rota, quelques autres par René Boiven, par Georges Ghisi de Mantouë, par Philippe Galle, & par d'autres qui n'ont point marqué leur nom. Le tout ensemble de 577 pieces.

VIII. FRANÇOIS VILLAMENE.

L'œuvre de ce Maistre, qui dessinoit aussi-bien qu'il avoit le burin excellent, a esté recüeillie dans un grand vol. in fol. de double feüille, où se voit son Portrait gravé de la main de Jean Baptiste Castantin, & contient 224 pieces, tant de son dessein que des desseins de Raphaël d'Urbin, où sont aussi des copies qu'il a faites de quelques Ouvrages de Marc-Antoine, & encore des desseins de Ferrau Fensonius Faventinus, d'Hippolytus, Andreasius, de Marius Arconius, de Ventura Salimbene, de Paul Veronese, de Mucian, de Jean Antoine de Paulis pour l'Image de Sainte Marie du secours, d'Antoine Correge, d'Antoine Tempeste, qui a fait une Cene de Nostre Seigneur, où il y un morceau fait par I. Laurus, de Jean Baglioni, de Frederic Barroche, de de Michel-Ange pour son Jugement, de François Vanius, de Gaspard Cælius, apres Simeon Moschini sculpteur excellent, pour la statuë d'Alexandre Duc de Farnese, de Jean Lanfranc, de Joseph Agellus Sorentinus, de Prosper Brixianus, de Jacques Zucca, de Joseppin, de Camille Porcacin, de Theodore Vanlon, de François Albane, d'André d'Ancosne, de Gaspard Cælius, de Jacques Barroche de Vignole pour le Chasteau de Caprarole. Nous auons aussi divers Portraits de Villamene, & la Psiché de Raphaël.

IX. CORNEILLE CORT.

Graveur & dessinateur excellent de Hollende, mais qui finit ses iours à Rome en 1578. n'estant aagé que de 42 ans, a fait plusieurs Ouvrages dont nous avons recüeilly dans un grand in fol. 151 pieces, lesquelles il a gravées, tant de son dessin, que des dessins de Francflore, de Frideric Zucchre, de Don Julio Clovio, de Polydore, de Marc de Sienne, de Raphaël d'Urbin, de Thadeo Zuccharo, de Frideric Barroche, de Bernardino Passaro, de Lorenzo Sabadino, de Titian, de Barthelemy Sprengers, de Paris Romain, d'Horatius Samachinus, de Jean Spekar, de Riccius Sancius, de Marcellus Venustus, de Jean Stradan, de Hierosme Mucian, dont l'œuvre est icy en suite, & apres se voit la Ville de Sienne en quatre grandes feüilles du dessin de Vannius.

Dans ce mesme Livre sont autres grandes pieces de Paul Veronese, de Carrache, de Barthelemy Breembergh, de l'Histoire de Joseph qui estoit en honneur en Egypte, lors que ses freres y vinrent acheter du bled.

LE BRONZIN, ANGILO BRONZINI.

L'œuvre de ce Maistre contenuë dans le mesme Livre est de 6. grandes pieces gravées par Lucas Vosterman, Hierosme Cock, Lambert Suavius, Phil. Thomassin, & Jean Bapt. de Cavalleriis.

Il y a aussi une autre grande piece de la Coronation de la Reine de Suede, par Corn. de Vischer.

Cinq grands Portraits, une Image de S. Charles du Bruneleschi, une grande Image de S. Anaclet Pape de Jean Frideric Greuter, apres Antoine Pomerange en double feüille.

Le dessin du grand Theatre fait au grand Jesus de Rome par Nocolo Monoghini Sculpteur & Architecte Romain.

Un autre Theatre au mesme lieu, dessiné & gravé par Carlo Rainaldo.

Un grand Tabernacle du dessin de Maistre Roux Florentin, gravé par Cherubin Albert.

Le Foudre d'André del Sarte, gravé par Ch. Albert.

La grande Cene d'André del Sarte, gravée par Theodore Cruger.

Un grand Crucifix entre les deux Brigans, d'une excellente main.

Deux grandes pieces en clair obscur.

La grande Conversion de S. Paul de Fr. Salviati, dessinée par Franc Flore, & gravée par Eneas Vicus.

Une grande piece du Dominicain, representant les œuvres de Misericorde de Sainte Cicile, gravée par R. A. Persyn.

L'Academie des Peintres de Petrus Franciscus Albertus.

Une grande piece du Guerchin, imparfaite.

Le festin des Nopces de Cana en doubles feüilles, d'Andrea Vicentino.

Le Saint Martin de Jacques Jordaens, gravé par Pierre de Jode.

Le S. Nicolas de Corneille Schut, gravé par I. VVitdrek.

Une Vierge entre des SS. de l'Ordre de Saint Dominique, de Michel Angnolo Caravage, de la gravure de Lucas Vosterman.

39 Grandes pieces de Jacques Jordaens, d'Antoine Vandeik, de Gerard Seghers, d'Anibal Carrache, de Ger Hontboest, de G. Flink, gravées par Jacques Neeffs, Scheltius de Bolsuvert, P. Balliu, Paulus Pontius, Pierre de Jode, Marinus, & C. Vandalen. Tout cela ensemble faisant 224 pieces.

X. PIERRE PAUL RUBENS.

J'ay distribué les œuvres de ce Peintre, apres lequel on a fait plusieurs Estampes, en quatre endroits, dans un grand porte-feüille, dans un moindre, & dans deux Livres, les pieces du grand Porte-feüille, lesquelles sont aussi proportionnées à la mesme grandeur y sont au nombre de 108 & ont esté gravées par Lucas Vostreman, Paulus Pontius, Adrian Lomelin, Pierre de Jode le jeune, Nicolas Lauverts, Corneille Van Caukercken, Boetius de Bolsuvert, Schelte de Bolsuvert, P. Van Sompelen, Corneille Galle, Marinus, I. Suyderoeff, H. & Jean Vitdoeck, VVeenne, H. de Neit, P. Soutman, Alexandre Voet le jeune, Pierre Cloüet, Corneille Vischer, Jasques Neeffs, Aubert Cloüet, Pierre Balliu Coenr. Lauverts, Henry Snyers, Antoine Couchet, Nicolas Rickmans, François Vanden VVingaerde, Jacques Mathan, André Stock, Christophe Jeher en bois, & quelques-autres qui n'ont pas marqué leur nom, où j'ay adjousté les belles copies de François Ragot au nombre de 43 pieces.

Le petit Porte-feüille marqué S. 271 contient 85 pieces du mesme Rubens de la seconde grandeur, tant profanes que religieuses, lesquelles nous ont esté données par les mesmes qui ont gravé celles du grand.

Dans les deux Livres marquez Rubens 3. & 4. sont contenuës. Le tout ensemble 504. pieces sur les cottes S. 364. & T. 365. 268. pieces de la gravure de Corneille Galle, de A. Hanzelet, de Iean Collaert, de Theodore, Iean Van Merlen, apres Abraham Diepembeke, de VV. Hollar, d'Alexandre Voet, de Iacques de Neeffe, de Pierre Cloüet, de L. Vostreman, de Adrian Lomelin, de Iean Paine, de Matt. Borrekens, de Pierre de Iode, apres E. Quelins, de Iean Bapt. Bonacina, de Richard Collin, d'Oratio Bruni, apres Ruttilio Mannetti, de I. Jegers, de Theodore Galle, de Simon Passe, Iean Meyssens, de Marinus le Veen, de Van Kessel, de Guill. Paneels, de Leo Vanheel, de H. VVitthoue, de P. Pontius, de B. Bolsuvert, de I. Vostreman, de François Vanden VVigaerde, de François Vanden Steen, de N. Lauverts, de P. Balliu, de Nicolas Rickmans, de P. Soutman, de Jean Meyssens, de P. Van Sonpel, de P. Van Schupen, de Conrad VVaumans.

## XI. GRANDES THESES.

Elles sont de double grandes feüilles d'Italie, de Pologne, d'Allemagne, des Païs-bas, & de France. J'en ay recueilly 88. des dessins de Bolsuvert, de Jean François Romanel de Viterbe, de Lampugnanus, d'Abraham Diepenbeche, de Jean Van Hoeke Peintre de l'Archiduc, de Lemeus, de Richart Collin, de Corneille Corneliades d'Harlem de Sebastien Vanck, d'Alberto Ronchi, de Nicolas Van Aelst de Bruxelles, de Valerianus Regnartius, de H. Goltzius, de Paul Gisnand de Peruse, Seb. Jenet de Vienne, de Christophorus Blancus de Loraine, du Chevalier Raphaël Vannius, de Pietre de Cortone, de Pierre du Laurier François, du Chevalier Paul Pin, de Nicolo Monghini Romano Scultore è Architetto, de Raphël d'Vrbin, de L. & B. Van Heil, de Jean Paul Blancus à Milan, d'Erasme Quellins, de Pierre Pett Anglois, d'Antoine Pomerange, de Crispin de Passe, de Rubens, de Jacques Calot, de Nic. Perey, de C. le Brun, de Champagne, de A. Paillet, de J. le Pautre, de Pierre Mignard, de Fr. Chauveau, de Robert Nanteüil, de Sebastien Baudin, de G. le Brun, de M. l'Asne, de Gilles Rousselet, de Cl. Melan, de I. Blanchet François, de Claude Pereau statuaire & Architecte de Paris, d'Abraham Bosse, de L. Baugin, de Claude Jsaac, de P. Mignard de Troye, de Claude Vignon.

Toutes ces pieces-là, qui sont tres-considerables, gravées par Frideric Greuter, Corn. Bloemar, P. Blancus, Paulus Pontius, François Vanden Steen, Lucas Vostreman, Guillaume Vallet Parisien, Iean Muller, Iacques Mathan beau-fils de Goltius, Theodore Mathan, Baronius, Adrian Lomelin, Franciscus Curtus de Bologne, Cesar Bassanus, Pierre Cloüet, Michel Natalis, Schelte de Bolsuvert, J. Paine Anglois, Jean Troschel, Gabriel le Brun, François & Nicolas Poilli, N. Pitau, Pierre Vanschuper,

J. Boullanger, Michel l'Asne, Gilles Rousselet, B. Killian, Jacques Picinus.

XII. NICOLAS DE BRUYN.

L'œuvre de ce Maistre, pour les pieces qui sont en double feüilles est contenuë auec d'autres dans un grand Porte-feüille de pareille grandeur, au nombre de 67. Plusieurs de son invention & d'autres apres Martin de Vos, Gilles Coninxloo, pour les Païsages de Samson, de Moyse jetté dans l'eau, du Iugement de Paris, des Enfans devorez pour s'estre mocquez d'Elisée, &c. de Iean Breugle, de David Vinchbons, de Jacques Savery.

JEAN LONDERSEEL.

A gravé aussi plusieurs grands Païsages, comme ceux de Nicolas le Brun; apres J. de Hondeco, Gilles Coninxlo, Davidt Vinckboons, Hen Daenelsan, Iacques Saveri, Gilles de Houdecoutre. I'en ay recueilly environ une vingtaine, & il y en a deux autres de G. Suvanenburch, apres Davit Vinckboons, & entr'autres le grand Païsage des Orgies. Il y en a aussi de B. Adam Bolsuvert, apres le mesme D. Vinckboons, Giles Coninxlo, & J. Goëmare. En tout lesdits Païsages 92. pieces.

GILLES, JEAN ET RAPHAEL SADELERS.

Il y a 18. grandes pieces de ces trois Freres, apres Adrian de Vries de la Haye, Jean ab Ach, Christofles Schuvarts, P. Piazza, J. Tintoret, Frideric Barroche, Joseph Heintz, Josse de VVinge.

La grande Ville de Sienne Par F. Vannius.

La Cheute des Geants du Guide.

Ce Livre au grand Porte-feüille contient aussi plusieurs grandes pieces en bois apres le Titien, Micarins de Sienne, & de quelques autres.

Outre cela, le grand Arbre Genealogique de l'Ordre de S. François par Pierre de Jode, en seize grandes feüilles. Vn autre Arbre du mesme Ordre de pareille grandeur, par Gabriël Faber François, Procureur General de l'Ordre en 1633. En tout 132. grandes Pieces.

XIII. SALVATOR ROSA.

J'ay recüeilly les œuvres de plusieurs Maistres, dans un grand volume couvert en Veau, le premieres desquels est ce Salvator Rosa Peintre Romain, qui à luy-mesme gravé en eau forte de son dessin 74. pieces lesquelles il a dédiez à son amy Charles de Rubeis.

### CARLO CÆSIO.

A gravé le Tableau d'Anibal Carrache, lesquels sont à Rome dans la Gallerie du Palais Farnese, contenant 48. pieces, il a aussi gravé les 15 pieces de Pietro de Cortone, lesquelles sont dans la Gallerie du Palais du Prince Pamphile.

### IACQVES BELLI.

A gravé en eau forte 32. piece apres Annibal Carrache, lesquelles il a dediez à Monsieur le Marquis de Cœuvre.

### FRANÇOIS TORTEBAT.

A fait aussi six grandes pieces apres Anibal Carrache.

### PIETRE DE CORTONE.

A fait plusieurs pieces recueillies dans ce mesme volume, gravées par Corn. Charles Bloemart, Michel Natalis Charles Audran, Guillaume Chasteau, apres Guillaume Courtois, Gilles Rousselet, Iean Baptiste Bonacina, Dominique Barriere, Claude Melan, en tout 36 pieces de Pietro de Cortone.

### POLYDORE CARAVAGE.

Dont j'ay aussi recueilly l'œuvre dans ce mesme volume, contenant 116. pieces gravées par luy-mesme, & par Cherubin Albert, Jacques Laurentian, J. Saenredum, Jean Bap. de Cavalleriis, Jules Bonasone, H. Galtzius, P. Lisibetius, Marinus, Corneille Cort, Sebastianus Clugiensis, Petrus Paulus Palumbus, Jean Baptiste Galestruzzi, Jacomo Marchucci, V. Hoij Ossenbeck.

### GVILLAVME CORTOIS.

Vne grande piece gravée par J. Bapt. Bonacina.

### AVGVSTIN CIAMPELLVS.

Trois pieces gravées par Phil. Thomassius, & par Valerianus Regnartius. Vne autre d'Andrea Vicentino, & une autre encore de la sepulture du Pape Vrbain VIII.

### NICOLAS POVSSIN.

I'ay aussi recueilly dans ce mesme volume 63. pieces de Nicolas Poussin de la Ville d'Andeli en Normandie, & le plus grand Peintre de son temps, gravées par J. Peine, L. Ferdinand, Charles Bloemart, M. Natalis, J. Couvai, Fr. Chauveau, Guill. Cortois Bourguignon, Jean Baronius, Fabritius Clarus, Antoine Garnier, N. Chapron, M. Dorigni, Nicolas Perelle, Guill. Chasteau, Cl. Melan.

Ce volume contient en tout 415. pieces.

XIV

## XIV. IULES BONASONE.

L'œuvre de ce Maistre recüeillie dans un grand volume in folio, couvert en veau, contient 332 pieces, lesquelles ont esté gravées de son dessein, & des dessins de Raphaël d'Urbin, de Michel-Ange, de Fr. Parmesan, de Jacques Florentin, du Titien, de Tobie Cicchini Aalani, de Polydore, de Fr. Primaticio, & d'autres de qui le nom n'a pas esté marqué.

18. Autres pieces de Raphaël de Regge, de Titien, d'Aldegrane, & de Virgilius Solis, de J. Saenredan, apres C. d'Harlem, & Paul Morelse, de Goltzius, de Joseph Heintz, & autres.

Et 50. pieces de Carallius. En tout 400. pieces.

## XV. FRANÇOIS PARMESAN.

J'ay recüeilly les œuvres de ce grand Peintre, où il y a quelques pieces de sa main, entre celles qu'il a gravées & dessinées, toutes rares & d'une beauté singuliere, avec d'autres en clair obscur, & tout cela au nombre de 601. pieces, tant de sa propre main, comme je l'ay déja dit, dont quelques-unes sont à la plume, & qui sont par consequent singulieres, sans plus de 220. autres, que de la main, de Henry Vander Borcht, de Jules Bonasone, de Jacques Caraïo, de Jean Sadeler, de S. Bolsuvert, de Seb. Vovillemont, de Corn. Bloemaert apres François Mazzoli Peintre de Parme, de Frere Bonaventure Bisi Cordelier Conventuel, de Nicolas Vicentin, d'Andrea Andreassi de Mantouë, de Nicolas Beatricius Lorrain, de Philippe Thomassin, de Lucas Kilian, de François Briccius, de Baptista del Moro, d'Eneas Vicus, de VVenceslas Hollar, de Leon Daven: il y a aussi une piece de Jacques de Parme & d'Alexandre Magnantius.

## XVI. & XVII. LE TITIEN.

L'œuvre de ce grand Peintre recueillie en deux volumes, contient 534 pieces, plusieurs desquelles sont tres-rares, & toutes bien choisies de divers graveurs, tels que Baptiste Fontane, Leon d'Aven, Martin Rota, Corneille Cort, Ant. Pauli, Antoine Vandick, Augustin Carrache, Pietre de Jode, J. Suideroeff, Theodore Van Kessel, P. Paul, Rubens, J. Morin, Lucas Vostreman, J. Troyen, V. Hoy Steen, Joachim Sandrart, Gilles Sadeler, Henry Danchers de la Haye, R. de Voorst, N. Cochin, Jean Theodore de Bry, M. Vi, Benedetto Stephani, Marius Cartarius, Sebastianus à Regibus Codiensis, Jacobus Caralius, Q. Boël, Jules Bonasone, L. V. Vdon, Carolus Rodulfus, Marco del Moro, B. del Moro, P. Lisebetius, Jacques Mathan, Corneille Bloemart, P. Daret, Jean le Blond, Paulus Pontius, MR. Sibeno, N. B. Karle Audran, Jacques de Heyden, I. Popels, Franciscus de Nano, Jules Fontane, Sebastiano du Val, S. du Perac, François Vanden VVingerde, Gio Andrea Podesta Genovese, Pietro Brea, Estienne Perret, Matthias Bolzetta, Gio. Balt. de Cavallerijis, H. Hondius, Lucas Bertelli, Andreas Campus, Nicolaus Boldrinus Vicentinus, Raphael Sadeler, Dominico Zenoni, H. Pedrignanus, Soutman, & plusieurs autres qui n'ont pas marqué leur nom.

### XVIII. FRANÇOIS VANIUS.

Peintre de Sienne, l'œuvre de ce Maistre jointe avec d'autres contenuës dans ce volume in fol. est de 84. pieces, sans son Portrait de la ville de Sienne en quatre grandes doubles feüilles, ce Portrait gravé par Bernardin Capitelli, & son œuvre exprimée par luy-mesme, & par Corneille Galle, Jean Sadeler, Phil. Thomassin, Fr. Villamene, Raph. Sadeler, Juste Sadeler, Pierre de Jode, Jean Florine, Cherubin Albert, Denys de Cavalleriis, Lucas Killiam, Epiphaneæ de Alfiano, de l'Ordre de Valombreuse.

### CAMILLE PORCACIN, Bolonese.

Son œuvre est de 17. pieces où sont ses 4. Cartouches gravez par Villamene, tout le reste est presque de la sienne propre, & quelques autres le sont de D. Clasens, de H. David, de Paulus Stela Peintre de Milan, & d'Antoine VVirix.

### ANDRE' DEL SARTE.

Son œuvre est de 43. pieces gravées par Theodore Cruger, Cherubin Albert, Corneille Bloëmart, Frater Ioannes Maria Burellius Florentinus Ord. Servorum Beatæ Mariæ, Corneille Cort, Pierre Brebiette, L. Vostreman, Francesco Merlini, Cesar Robertius, Ph. Thomassin, D. Vitus.

### JOSEPIN.

Le Chevalier Ioseph Cesar Arpinas, son Portrait est gravé par Jacques Mathan; & par le Chevalier Octavius Leoncius Peintre Romain, & les pieces que nous avons de luy, l'ont esté par Iacques Mathan, Gilles Sadeler, Egbert, Van Pauderen, Ph. Thomassin, Raphael Guidi, Jean Frederic Greurer, Fr. Villamene. Il y en a vingt en tout.

LEONARD DE VINCI.

Son œuvre est de 5. pieces gravées par I. Troyen, P. Souteman, & par d'autres qui n'ont pas marqué leur nom, sa Descente de Croix est une piece considerable : & il y a deux ronds de luy de nœuds entrelassez à pieces emportées.

MICHEL-ANGE CARAVAGE

Son œuvre est de 8 pieces gravées par P. Fatoure & G. Giovane, Pierre Daret, L. Vostreman, & P. Soutman.

BERNARDINO PASSARO, Romain.

Il y a 20 pieces de celuy-cy, gravées par luy-mesme, par C. Cort, Phil. Thomassin, Gys Veen, Riccio Sanese, Gisbertus Venius.

JEAN LANFRANC, Parmessan.

J'ay ramassé dans ce Livre 92 pieces de Jean Lanfranc, gravées par luy-mesme, apres Raphaël d'Urbin, & par Sisto Badalocchi, par Jean Frederic Greuter, Theodore Creuger, Fr. Villamene, Antoine Richer, & Jean François Peregrin,

CHARLES SARASIN, Venitien.

Il y a 5 pieces de luy gravées par luy-mesme, par Jean le Clerc, par Jean Frideric Greuter, & par Phil. Thomasin.

LUCAS CIAMBERLANUS, d'Urbin.

Ce que j'en ay recueilly dans ce Volume, est au nombre de 37 pieces qu'il a faites & dessinées de son invention, & apres Raphaël d'Urbin, Antoine Pomerange, Jacques Palme, Polydore Caravage, Federic Zucchre, le Guide, Cherubin Albert, Oliviero Gatti, Innocentio Martini, & Annibal Casti. Le tout ensemble faisant 331 pieces.

XIX. HENRY GOLTZIUS.

Sculpteur & Peintre considerable, qui mourut agé de 59 ans en 1617. le 1. iour de Janvier, a fait plusieurs pieces que j'ay recueillies dans ce volume, jusques au nombre de 436. tant gravées de sa propre main, que d'autres apres luy, & premierement son Portrait y est gravé de la main de Jacques Mathan son beau-fils, & ses œuvres l'ont esté par luy-mesme, par le mesme Jacquys Mathan, & par ceux que ie nommeray en suitte, luy-mesme en ayant gravé plusieurs apres Barth. Sprangers, Raphaël d'Urbin, Jacques Palme, Petrus Jodcus, C. Corneli, Iean Stradan, Theodore Bernard, Mre Roux. Ceux qui ont gravé apres luy, sont Jacques, Jules & Conrad Goltzius, Nicolas & Claude Clock, Adrian Collaert, J. Saenredan, Jean Muller, Pierre Brebbel, Nicolas Bruen, C. Vischem.

XX. JACQUES CALOT.

L'œuvre de ce Maistre assez connu par ses inventions agreables, a esté recueillie avec un grand soin dans ce volume, où il y a jusques à 1468 pieces, d'entre lesquelles les plus considerables sont celles qu'on appelle les batailles de de Medicis, la grande Foire de Florence, & les trois grands Sieges, outre les sept ou huit Portraits, les douze mois, les Miracles de la Chappelle de Florence & autres semblables.

XXI. CLAUDE MELAN.

Peintre & Graveur en taille douce, assez connu par ses ouvagres a fait plusieurs pieces de son invention, & quelques-unes apres J. Tintoret, Pietre de Cortone, Simon Vovet. Son œuvre consiste dans mon Recueil, à 286 pieces lesquel-ont esté bien choisies.

XXII. ANTOINE VANDEICK.

Son œuvre est dans mon Recueil, de 210 pieces où il y en a 14 gravées de sa main, & le reste a esté gravé par Th. Mathan, Paulus Pontius, Pierre de Balliu, Pierre Clouvet, Pierre de Jode, Bernard Corn. Vischer, J. Morin, Jacques Neeffs, Robertus Van Voerst, Cripin Queborn, Corn. Gall, Jean Meyssens, S. de Bolsuvert, VV. Hollar, Martin Vauden Enden, Lucas Vostreman, Henry Hondius, Corn. Galle le jeune, Henry Snyers, Pierre Rucholle, Conrad VVaumans, le Ferdinand, Nicolas Lauverts, A. Van does, Van Kessel, P. Soutman, & P. Van Sculpteur.

XXIII. LA GALLERIE IUSTINIENNE.

Ce Livre contient 321 pieces gravées & dessinées par François du Quesnoy de Bruxelles, Theodore Mathan, Claude Mellan, Anna Maria Vajani, Jodocus de Pape. P. de Balliu, R. de Persyn, Corn. Bloëmaer, Joachim Sandrart, Thrysidius Guidus, M. Natalis, Jean Bapt. Rugerius Bononiensis, J. Conin, Il Valesio, Charles Audran, le Chevalier Iean Lanfranc, C. PH. Spirinck de Bruxelles, Fr. Greuter, Fr. Perier, Andreas Podesta, Valerianus Regnartius, Franciscus Bonamiscius Lucenses, & quelques autres qui n'ont pas marqué leur nom.

XXIV. & XXV. MARC-ANTOINE, de Bologne.

Cét excellent Graveur qui a tant fait de belles choses apres

Albert Durer, André Manteigne, Raphaël d'Urbin, & Michel-Ange, est aussi le plus considerable entre tous les Graveurs, & celuy de qui les pieces sont les plus recherchées, j'en ay recueilly 570 dans les deux volumes in fol. que j'ay marquez 24 & 25.

XXVI. AUGUSTIN VENITIEN.

Celuy-cy qui est le second des excellents Graveurs des œuvres de Raphaël, a fait aussi beaucoup de choses de son invention, qui sont fort recherchées, j'en ay recüeilly 154 pieces d'une fort grande beauté.

XXVII. SILVESTRE DE RAVENE, & BEATRICIUS LOTHARINGUS.

Les œuvres de ces Maistres qui ont aussi gravé apres Raphaël, André Manteigne, & Michel-Ange, sont contenuës dans un seul volume, c'est à dire 74 pieces pour Sylvestre de Ravenne, & cent douze pour Beatricius, c'est en tout 186 pieces, où est la Psiché de Raphaël d'une grande beauté, &c.

XXVIII. ANDRE' & BENEDETTE MANTEIGNE.

L'œuvre du 1 est de 104 pieces, & celuy du second est de 74 pieces toutes rares, le tout ensemble faisant 178 pieces, quelques-unes desquelles ont esté gravées par M. Antoine.

XXIX. LUCAS DE LEYDEN.

Peintre & Graveur excellent, dont j'ay recüeilly en un seul volume in fol. toutes ses pieces qui se trouvent en taille douce & en taille de bois, outre 25 pieces de sa main à la plume & au crayon, lesquelles sont singulieres. Il y a 180 pieces en taille douce, lesquelles y sont deux & trois fois d'une grande beauté, avec le Portrait d'Ulespiegle, qui est l'unique qui soit en France, son pareil ayant esté vendu il y a plus de douze ans, seize Loüys d'Or. Et pour les pieces en bois, les Roys d'Israël qui y sont en clair obscur ne se trouvent point ailleurs, non plus que quatre pieces d'un Tournoy, les Dames illustres de l'Ancien Testament, & l'Enseigne à Biere. Dans ce mesme volume sont 30 pieces en taille douce sur les dessins de Lucas, representant divers sujets, sans les copies contenuës dans un autre volume, si bien que dans celuy-cy, il se trouve 364 pieces en taille douce, originales de la main de Lucas 38 en bois, & 30 pieces apres luy, outre 7 Portraits de cét excellent Peintre gravez par divers

Maiſtres 477 pieces, les Graveurs apres luy ſont André Stokius, J. Muller, J. Saentedan, C. de Paſſe, Henry Goltzius, Jacques Mathan, P. Soutman, N. de Brun, Robert de Baudoux.

XXX. ALBERT DURER.

Un volume in fol. couvert de parchemin, collé ſur de gros carton, contient 12 Portraits de cét Autheur de divers Maiſtres, quinze pieces de ſa propre main, leſquelles ſont ſingulieres, & n'ont point de prix, ſes trois pieces en eſtaing par deux fois, ſes ſix pieces en eau forte par deux fois, & toutes ſes pieces en taille douce par deux fois d'une beauté extreſme, où le petit Crucifix gravé ſur le pomeau de l'Eſpée de Maximilien, ſe trouve par trois fois, avec les copies du meſme, le tout ayant eſté reciieilly par feu Mr. l'Abbé de S. Ambroiſe, Aumoſnier de la Reyne Marie de Medicis, qui avoit employé quarante ans à perfectionner cét Ouvrage, depuis augmenté par les ſieurs Kervel & de Lorme, & par moy-meſme encore. Outre cela les 48 pieces qu'on a gravées apres luy, & finalement 167 pieces de copies exquiſes, toutes ces choſes-là enſemble faiſant 450 pieces. Les copies & les autres pieces qui ont eſté faites apres luy, gravées par Hieroſme VVirix, Andreas Andreaſſi de Mantouë, Lucas Killian, VV. Hollar, André Stock, Th. de Bry, Martin Rota, Gilles Sadeler, H. David, Th. Kruger de Neremberg, Criſpin de Paſſe, & Jeroſme Hopfer.

XXXI. ALBERT DURER, en bois.

Dans un grand in fol. contenant 262 pieces, à ne compter les grands Triomphes de Maximilien & de Charles V. que pour deux pieces, toutes bien choiſies & bien conditionnées, où il y en a 150 de rares.

XXXII. ENEAS VICUS.

L'œuvre de ce Maiſtre eſt de 289 pieces, leſquelles il a gravées partie de ſon deſſin, & partie des deſſins de Raphaël, de Michel-Ange, de Fr. Parmeſan, de Julius Corvatinus, de Bandinel, de Salviati & autres.

XXX. ANTOINE CORREGE.

Appellé le Prince de tous les Peintres de ſon temps, a gravé luy-meſme une partie de ſon œuvre, & l'autre partie l'a eſté par Auguſtin Carrache, Franceſco Merlini, Chriſtofano Bertelli, Franceſco Briccio, P. Ferdinand, J. Troyen, T. Van Keſſel, Q. Boël.

Lelius Ursius de Regio fut l'inventeur de l'Image miraculeuse de la Vierge.

Joannes Gerolius, éleve du Correge, Peintre considerable. Pour le Correge 70 pieces.

PAUL FARINATE, de Verone.

L'œuvre de ce Peintre est gravée par luy-mesme, & par Abraham Bosse, Hierosme David, Ferdinand, Jacobus Valegius de Verone, Gilles Rousselet, D. Dankers apres J. Spilenberger, Ant. Stock, Phil. Thomassin, il y a 71 pieces. C'est en tout 141 pieces.

XXXIV. GUIDO RHENI.

L'œuvre de ce Peintre est de 287 pieces, dont la plus grande partie est gravée de sa main, & le reste a esté fait par Floriano dal Buono, R. A. Persyn, P. de Balliu, Remy VVibert, G. Rousselet, Sebastien Voüillemont, R. Lochon, S. Bernard, P. Lombart, J. Couvaj, Corn. Bloëmart, Gio. Bapt. Bolognini, P. Daret, Francesco Curti, H. David, I. A. Sirano, Bartholomeo Cariolani, Frideric Greuter, L. Vostreman, T. Van Kessel, Flaminio Torri, Baronius, Nicolas Lasteman, V. Hoij, V. Stieen, Lucas Ciamberlanus, M. Borbonius, Benedetto Curti, Rolland le Blond Peintre, Gio. Batt. Pascalinus, Jean Sauvé.

XXXV. RAPHAEL SCHIAMINOSE.

L'œuvre de ce Peintre est de 130. pieces.

LE GUERCHIN.

Iean François Barberius Centinus, dit le Guerchin. Son œuvre de 148 pieces, toutes fort belles. En tout 278 pieces.

XXXVI. MAISTRE ROUX. Florentin.

Ce Peintre a gravé luy-mesme plusieurs pieces de son dessein, & le reste l'a esté par Renatus Boyvinus Andegavensis, Paolo Gratiani, Leon Daven, & autres qui n'ont pas marqué leur nom. 289.

Il y en a aussi quelques-unes de Dominique Florentin.

Le reste est de pieces meslées, & de Païsages de Leon Daven, & d'autres pieces curieuses. Le tout faisant le nombre de 438 pieces.

XXXVII. BAPTISTE FRANC.

L'œuvre de ce Maistre consiste en 134 pieces de son invention ordinaire, il y en a quelques-unes d'exquises.

XXXVIII. CHERUBIN ALBERT.

Son œuvre de 186 pieces d'une grande beauté, plusieurs de

son invention, & quelques-unes apres Raphaël, Michel-Ange, André del Sarte, Frideric & Thadeo Zuccaro, Mre Roux Florentin, Franciscus Potenzanus Panormitanus, Peregrinus Bononiensis, François Vanius, Polydore Caravage.

XXXIX. LE PALME, JACQUES PALME, le vieux & le jeune.

L'œuvre de ces Maistres consiste en 104 pieces, gravées par luy-mesme, & par Lucas Kilian, P. Brebiette, J. Troyen, P. Lisesius, Henry Danchers, J. Popels Q. Boël, J. Mathan, Gilles Sadeler, Raphaël Sadeler, H. Goltzius, J. Fresaria, M. l'Asne, R. Eynhovedts, H. Oldelendi, V. Hoij, Ossenbeck, T. Van Kessel, L. Vostremans.

Ce Livre contient outre cela les 24 Païsages de Titien, avec le Portrait de Charles V. en bois, & deux autres pieces, l'une desquelles est gravée par A. Drebber. En tout 130 pieces.

XL. CAPITELLI.

L'œuvre de Bernardin Capitelli de Sienne, consiste en 112 pieces gravées de son invention & apres J. Baptiste Mercatus Biturgiensis, Francesco Leoncini da S. Geminiano, Jacinto Geminiani de Pistoya, Rutilius Manellus, Melchior Gerardini, Dominico Falcini Intaillatore in Siena, Eques Ventura Salimbenius, Bevilaqua Pictor Senensis, Sebastianus Fullius Pictor Senensis & Architect, Arcangelus Salimbenius Pict. Senensis, Alexander Casolanus Pict. Senensis, Rutilius Manetus Pictor. Il a fait aussi quelques pieces apres Pietro de Cortone, Antoine Correge,

Joannes Baptista à Sole, Sculptor.

Joannes Christophorus Storer, Pictor.

Joannes Paulus Blancus, Incisor.

XLI. LE DOMINICAIN, de Bologne,
Dominicus Zamperius Bononiensis.

Nous avons 21 piece de ce Peintre celebre, gravées par Karle Audran, Estienne Colbenschalg, le Chevalier Francesco Raspantino, P. del Po. Gio Dominico Cerrini Perrugino Pictore, Gio Batt. Benaschi Scultore, Pietro Francesco Mola, Remy VVibert, P. Scalberge, Lucas Ciamberlanus.

CASTIGLIONE GENOVESE.

Nous avons de luy 47. pieces en eau forte.

PIETRE

PIETRE TESTE.

Peintre & Sculpteur en eau forte. Son œuvre est de 45 pieces. Ce Livre contient en tout 113 pieces.

XLII. LHESPAGNOLET.

Jusepe de Rivera, dit Lespagnolet, Peintre de Naples a gravé luy-mesme la meilleure partie de son œuvre, qui n'est que de 26 pieces, & le reste a esté gravé par L. Vostreman, J. Troyen, Horatius Borgianus, M. l'Asne, Franciscus Burannus Reggiensis.

ODOARD FIALETTI, Peintre de Bologne.

Son œuvre est de 220 pieces.

POLIPHILUS GIANCARLI.

Son œuvre est de 31 pieces.

AGOSTINO MITELLI.

Son œuvre est de 85 pieces.

JACINTO GIMIGNANI DA PISTOYA.

Il y a 12 pieces de luy.

Quelques pieces d'autres Maistres qui se trouvent ailleurs. En tout 426 pieces.

XLIII. DON IULIO CLOVIO, de Croacie.

Son œuvre de 12 pieces a esté gravée par Ph. Thomassin, Diana Mantuana, Soyo, Corn. Cort.

RAPHAEL DE REGGE.

Raphaël Mota de Regge Peintre fameux, son œuvre de 12, a esté gravée par Diane de Mantouë, & par Augustin Carrache.

VENTURA SALIMBENE.

Peintre de Sienne, son œuvre de 24 pieces, outre son Portrait gravé par Bernardin Capitelli, a esté gravée par Corneille Galle, François Villamene, Phil. Thomassin, & par luy-mesme.

VESPASIEN STRADA.

Son œuvre de 16 pieces gravée par luy-mesme.

HORATIUS SAMACHINUS.

Il y a 4 pieces rares.

LAURENTIUS SABADIUS, Bononiensis.

Il y a 4 pieces gravées par Corn. Cort, & par Aug. Carrache.

MARTINUS ROTA, Sibinicensis.

Excellent Graveur dont j'ay icy recüeilly 45 pieces, d'une grande beauté, lesquelles il a faites de son invention, & apres le Titien, Michel-Ange, Lucas penis, Raphaël d'Urbin.

LES BASSANS.

Leur œuvre de 50 pieces gravées par Gilles Sadeler, Jacobus Pecinus, I. Troyen, V. Hoij, Ossenbeck, L. Vostreman, P. Salberge, T. Van Kessel, Crispin de Passe, Q. Boël, VVolfang Killian, Raphaël Sadeler Jean Sadeler.

JOSEPH HEINTS, de Suisse.

Son œuvre de 13 pieces gravée par G. Sadeler, & Lucas Killian.

JOSSE DE VVINGHE.

L'œuvre de ce Peintre gravée par Raph. Sadeler, R. Sadeler, Crispian de Passe, & Jean Sadeler est de 28 pieces.

IACQUES D'ACH.

Peintre Aleman, son Portrait dessiné par Pierre Isaach son disciple & son œuvre de 44 pieces gravée par I. Saenredan, Gilles Sadeler, Jean Sadeler, Raphael Sadeler, Lucas Killian.

PETRUS CANDIDUS.

L'œuvre de celuy-cy de 32 pieces a esté gravé par L. Killian, R. Sadeler le jeune, Jean Sadeler, Gilles Sadeler.

FRIDERIC SUSTRIS.

Il y a 12 pieces gravées par Juste, Jean, & Raphaël Sadeler, Dominique Custos.

P. PIAZZA, à Castro.

Trois pieces gravées par Raph. Sadeler.

DANIEL DE VOLATERE.

Deux pieces. En tout 301 pieces.

XLIV. HORATIUS BORGIANUS.

Il a gravé la Genese apres Raphaël, & des pieces qu'il a faites de son dessin, il y en a 63 dans ce volume.

JACQUES ANTOINE STEPHANONIUS.

Il a gravé des pieces apres Augustin, Louys & Annibal Carraches.

ANDREAS BOSCOLUS.

Peintre Florentin, il y a de luy une Passion en 14 pieces, gravées par Pietre de Jode, d'une grande beauté.

JACQUES ZUCCA, & PROSPER BRIXIUS.

Il y a 8 pieces.

BAPTISTA BONACINA.

De Milau, il a gravé apres Pietre de Cortone, & Cirus Ferrus, Joseph Testana, Joannes Maria Morandi Peintre,

Aubert Clouvet Sculpteur, 7 pieces.
Guillelmus Carpiani Veneto. 3. pices.
Hieronimus Petrignianus Forolivienſis 7. pieces.
Sirano, Lorenz Joly, 13 pieces.
A. le Mercier, 1.
Lucas Salmetia, de Bergame, 1.
Carolus Maratus, 8.
CDVV. 20. des Actes des Apoſtres.
Franciſcus Bricius, 1. apres Louys Carrache.
Ferrantes Roſati, 6. Item 2.
Franciſcus Amatus, 2,
Franceſco Curti, 1.
Antonius de Trivio, 3.
Nicolaus Franciſcus Maffei, apres An. Carrache, 2.
Bartholomeo Schidone, 2.
Franciſcus Guerrerius, foroſempronienſis, 1.
Flaminio Torri, Peintre, & Alexandro Badialli, Sculp. 1
Franciſcus Cozza, Peintre, & Sculp. 2.
Mattheus Perez de Allecio, Peintre 1.
Joannes Paulus de Piſanis, & Antonius de Piſanis, 5.
F. Salviati, 1.
Une autre, 1.
Vannius, 1.
Dominique de la Barriere, Florentin, 1.
Ercola Bazicalua, di Piſa, 19.
Gio Franceſco Grimaldi Bologneſe, 14.
Jules Bonaſone apres Raphaël, 1.
Jacinto Giminiani da Piſtoya, Pittore 12 item 3.
Gaſparo Duché, 8.
Sans nom de ſuitte de Maiſtres d'Italie, 41.
Jacques Stella, & Dominique de Rubeis, 1.
Petrus Jalhea Furnius, 1.
Sans nom, de ſuitte, 8.
Petrus Antonius, Parmenſis, 1.
Paulo Gratiani, 1.
Petrus del Po, 1.
Sans nom, 12 de ſuite.
Domenico del Grillandaio, Florentino, 1.
Michel-Angelo, Marcelli, 2.
François Cozza, 2.
Proſper de Scavezzi Briciencis, 1.

Sans nom, 5.
François Vander Burg, apres Abraham Janssen, 1.
Stephanus Ulpes, Pict. 1.

LE CHEVALIER BERNIN, JOANNES LAURENTIUS, Berninus.

Il y a de ses pieces gravées par I. Baronius, J. Bapt. Bonacena, Franciscus Quercetus Bruxellensis, Louys Ruhier.
Francesco Moschi, } 10 pieces.
Andrea Bolgio, }
Sans nom, 2.
Francesco Bertelli, 1.
Laurentius Gaborius, Pict. & Oliverius Gattus, 1.
Petrus Anichinius, 1.
Lælio de Novellaro, 1 gravé par Bocht.
Ænea di Solario, 1.
Ambrosius Ficinus, Mediol. 1.
Alexandro Casolano, Sennensis, 1.
Theod. Bab. Pict. 1.
Gio Batt. Mazza, 1.
Jacobus Parmensis, 1.
Lucca Morellitti, 1.
Peregrinus Bononiensis, 1.
Eremita Camaldulus Montis Coronæ, Pict. 1.
Alexander Tiarinus, Pict. 1.
Alexandro Algardo, 1.
Lazzerus Baldus, Pistoriensis, 1.
Domenico Ma Canutti, 1.
Bamboche, 1.
Horatius de Mariis, Nigrinus, 1.
Gio. Batt. Mollo, 1.
Barthol. Reiter, Monacus, 1.
Fabricius Clarus, Pict. 1.
Petrus Paulus, Pictor Leviensis, 1.
Pietro Carroci da Bari, 1.
Hen Vander Borcht, 1.
Georges Vasari, 3.
Sans nom, 2. En tout 392 pieces.

XLV. IEAN SPECCARD.

Il y a 6 pieces de ce Peintre, de la Vie de la Vierge, gravées par G. Sadeler, & une de Pieter Perrot. En tout 7.
Frere Cosmas à Castro Capucin Peintre, 1.

Remigius de Bozulo Capucin, 3 pieces dessinées par P. Candide & Matthias Kagger, & gravées par Raph. Sadeler le jeune.

CHRISTOPHORUS SUVARTS, Monachiensis Pictor.

A fait les cheutes de sa Passion en 9 pieces, gravées par Iean Sadeler. Et ses autres œuvres par le mesme, & par Giles & Raph. Sadelers, Luc Killian. En tout 23 pieces.

Pierre de VVitte de Bruges, 1.
Joannes ab Ach. de Cologne, 1.
Pierre Candide, 1.
Antoine Marie Vianius, de Cremone, 1.
} Par les Sadelers.

Petrus Roncanellus, Peruginus, Pict. 1. Phil Thomassin.

Ricardus Ripanellus Urbinas, Pict. 2. Ph. Thomassin.

Ferrantus Faenzonius 3 pieces gravée par Phil. Thomassin. Fr. Villamene & Fred. Greuter.

Camillus Spalucius, Pict. par Phil. Thomassin, 1.

Joann. ab Ach. par G. Sadeler, 1.

T. Bernard Pict. 7 gravée par I. Sadeler.

Hippolytus Scarzellinus., 2 pieces gravées par R. Sadeler.

Pierre Candide Flamen, 1.

Dionisio Calloert, gr. par G. Sadeler, 1.

Jean d'Achen, R. Sadeler, 1.

Carlo Caliari, G. Sadeler, 1.

Dominique Bec, Sennensis Pict. Ph. Thomassin, 1.

Jacobus Zucca, Fr. Villamene, & Ph. Thomassin, 5.

Gaspar Cælius, Ph. Thomassin, 1.

Georges de Castelfranc, H. David, 1.

Baltazar Perutius Senens. Pict. Ph. Thomassin, 1.

Bernardino Passaro, Gys Veen, 1.

FRANÇOIS ROMANELLE, de Viterbe.

Il y a 5 pieces gravées par M. Natalis, Carlo Cæsio, Corn. Bloëmar.

LIVIUS AGRESTUS, Foroliviensis.

Une piece gravée par I. Bapt. de Cavalleriis.

MARIUS CARTARIUS.

Son œuvre est de 13 pieces qu'il a faites de son invention, & apres Francesco Salviati.

Marius Arconius, gravée par Villamene, 1.

Marcus Senensis, 2. Corn. Cort, & Cher. Albert.

PERRIN DEL VAGUE.

Il y 2 pieces, l'une gravée par VV. Hollar.

Michaël Lucensis, 2.
L. Lottin, 2.
M. Valentin, 3.
I. Bellino, 6.
Georgione, 9 pieces.
A. Schiavone, 14 pieces.
D. Fetti, 11 pieces.
P. Vechio, 2 pieces.
A. Paduanino, 2 pieces.
Menfrede, 2 pieces.
Primatixi, 1.
I. Retto, 1.
F. Mantua, 1.
D. de Feraero, 1.
C. Bijioni, 1.
A. Varotarius Patavinus, 1.
M. Baxaisi, 1.
V. Cattena, 1.
C. Venetiano, 1.
A. Montani, 1.
F. Lopitsino, 1.
I. Cariani, 1.
Egbert Van Panderen, 2.

Par

P. Lisebetius.
I. Troyen.
Q. Boel.
V. Hoij.
L. Vostreman.
T. Van Kessel.
C. Lauvvers.
I. Popeli.
N. Soutif.

Horatio de Santis, 5 apres Pompeo Aquilano.

JEAN MULLER.

Son œuvre contenuë dans ce volume, est de 74 pieces qu'il a gravées de son invention, & aprés Michel de Mirevelt, Pierre Paul Rubens, Pierre Isachs Peintre du Roy de Danemarch, Corneille de Harlem, Theodore Bernard, Herman Muller, Gilles Coignet, Abraham Bloëmar, Bartholomeus Sprangers, Jean Speckert, Mander, Adrian de Vries de la Haye, Grispian de Broeck, Lucas de Leyden.

BARTHELEMI SPRANGERS.

L'œuvre de ce Maistre aussi contenuë dans ce volume est de 44 pieces gravées par I. Muller, Gilles Sadeler, Lucas Killian, CLOCK, P. de Jode, I. Sadeler, Zacharias Dolende, Jacques de Ghein, R. Sadeler, Corn. Cort. H. Goltzius, Jacques Mathan. C'est en tout 287 pieces.

XLVI. ESTIENNE LA BELLE.

De Florence, son œuvre de 824 pieces presque toutes de son invention.

XLVII. XLVIII. XLIX. L. LI.

ANTOINE TEMPESTE.

L'œuvre de ce Maistre Florentin, qui estoit Peintre, Dessinateur & Graveur en eau forte, consiste en 50 grandes pieces de Chasses, de Triomphes, d'entrées de Ville, & de grandes figures debout, & en plusieurs autres pieces qu'il a dessinées & gravées de sa main, contenuës en 4 volumes in fol. sçavoir dans le premier 576 pieces, dans le second 397 dans le 3 volume 424 pieces, & dans le 4 volume 108 & en tout de sa main 1519 pieces de son invention.

Il a aussi dessiné d'autres pieces qu'il n'a pas gravées, & qui l'ont esté par Fr. Villamene, Phil. Thomassin, Thomas Moneta, Charles David, Pierre de Jode, où sont comprises quelques copies de ses œuvres, au nombre de 543. En tout dans les cinq volumes de l'œuvre de Tempeste. 2062 pieces.

LII. LES RUÏNES DE ROME.

Joannes Antonius Dosius a dessiné un Livre de ces Ruïnes, lequel a esté gravé par Jean Bapt. de Cavalleriis, en 1579 & contient 33 pieces.

Un autre Livre de C. Dankers & de Hierosme Cock.

Un autre Livre de Vincenzo Scamozzi.

Un autre Livre de Baptiste Pitonus, de Vicenze.

Un autre de Henry de Cleves, chez Ph. Galle.

Un autre d'Estienne du Perac Parisien, imprimée à Rome chez Jean Bapt. de Rossi en 1639.

Un autre de Gilles Sadeler de l'an 1660. En tout 259. pieces.

G. LIII. Statuës & bas Reliefs Antiques.

Il y en a de Polydore, gravées par Cherubin Albert, Cl. Mellan, I. Saenredan.

Un Livre de Statuës imprimées à Rome chez Jean Bapt. de Rubeïs.

Autre Livre Imp. à Rome chez Ioseph de Rubeis Milanois en 1619.

Autre Livre de l'année, 1585.

Autre Livre de l'an 1641.

Autre Livre tiré de la Biblioteque de Fulvius Ursinus, à Rome chez pierre Stephanoni en 1570.

Autre Livre des hommes illustres à Rome en 1569.

Pieces diverses de Mre Estienne de Losne, de Remy

VVibert, de Michel-Ange, de Nic. de la Casa, de Suavius, Capitelli, & autres. En tout 411 pieces.

LIV. & LV. Diverses pieces d'Italie.

De Raphël, de Titien, du Guerchin de Thadeo Zuccharo, de Jules Mantoüan, de J. Bonasone, de George Mantuan, de Michel-Ange, de S. Martin, de Martin Rota, de Josepin, de Calot, de Villamene, de Passaro, de Tintoret, de Ventura Salimbene, de Paul Veronese, de Parmesan, des Carraches, du Guide, de Raphaël d'Urbin, du Correge, d'Antoine de Pise, du Bandinel, de Sylvestre de Ravene, du Sabono, du Guerchin, de Bapt. Franc, de Pompeio Aquilano, de Julio Clovio, de Marc-Antoine, de Raphaël de Regge, de J. Bapt. de Cavalleriis, de Corn. Cort, d'André del Sarte, le premier vol. contenant 91 pieces, & le 2 volume contenant 161 pieces, le tout 252 pieces.

LVI. JEAN BAPTISTE CORIOLANUS, Bolonese.

A gravé beaucoup de choses de son invention, des Portraits, des Theses, & des commencemens de Livres, aussi bien que des figures en bois pour le clair obscur, apres les dessins du Guide. Nous avons recüeilly de ses pieces jusques au nombre de 71. Il en a fait aussi quelques-unes apres Fr. Vannius, Ant. Crispus, C. Felini, le Guerchin, Loüys Carrache.

THEODORE CRUGER.

A gravé la Vie de S. Jean, d'André del Sarte, la Cene du Seigneur du mesme, quelques Theses apres Jean Lanfranc, le Chevalier Burghese & André d'Ancosne, 27 pieces.

Franciscus Potenzanus Parnomitanus, 1.
Parisinus Romanus, 1.
Bartholomeo del Moro, 1.
Raphaël, 4.
Aug. Carrache, 2.
Jules Bonasone, 1.
Andreas Marelli, 1.
C. Bononiensis, peut-estre le Correge, 1.
Michel-Ange, J. Bonasone, son Iugement, 1.
Pietro Francesco Mola, 1.
Paul Veronese, 1. Mattheo piccioni.
Gio Batt. Franceschi, apres Raphaël, 11.
Gio Batt. Benaschi, 1.

Gio

Gio Batt. Britano Mantuanus, une Resurrection de Morts.

Sebast. à Regibus, Magnus Potenzanus, Carlus Saccus Papiensis, Camillus Graficus, Francesco Potenzano, Carlo Sacchi, apres Paul Veronese, Francesco Cozza, Sophonisba Gentildona Cremonese, Benedetto Stephani, Baptista Bertano Mantuano, Georges Ghisi Mantuan, M. Lucas Romanus, par Jerosme VVirix, Joan. Bapt. de Cavaleriis, Bacius Florentinus, Sylvestre de Ravenne, Honderick Arts, Joan. Londerseel, Thomas Vincidor de Bologne, Daniel Vanden Dychi, Nicolaus Beatricius Lotharingus, Eneas Vicus, Fr. Parmesan, Francesco Terzo Pictore, Joan Bapt. Galestruccius Florentius, Fr. Bertelli à Padouë, Diana Mantuana pour la grande Bacchanale. En tout 144 pieces.

## LVII. JEAN SAENREDAN.

Son œuvre est de 132 pieces qu'il a gravées, quelques-unes de son invention, son Portrait l'a esté par Holsteyn, où Screvelius a fait une Epigramme Latine, où il l'appelle Disciple de Goltzius. Il a gravé l'Adoration des Pasteurs en 3 grandes feüilles apres Karle Mandere, le Portrait de ce mesme Karle Van Mander, apres H. Goltzius, celuy d'Abraham Bloëmart Peintre Hollandois, aussi bien que VV. Suvarts, le Portrait de Jean d'Ach, les autres pieces apres Corn. d'Harlem, H. Goltzius, Abraham Bloëmaert, Lucas de Leyden, Paul Veronese; VV. Suvanembourg, Pierre Isaack, Isaac Razetus.

## LUCAS VOSTERMANS.

Son Portrait dessiné par Iean Lyvius, & gravé par François VandenVViingaërde. Il a gravé apres Adrian de Vries, Ph. Champagne, D. du Moutier, de Pierre Paul Rubens, J. Brongino, J. Tintoret, Ant. Vaudick, Jean Holbeins, Gerard Segers, Jean Liivius, J. Vanden Hoecke, Abraham Diepenbeck, N. Vander Horst, O. Vosterman, Gerard Segers, Jean Vander Does, Raphaël d'Urbin, Anibal Carrache, André del Sarte, Guido Rheni, H. Van Balen, Horace Gentileque, J. de Valdor, & autres, Il y a 57 pieces.

De Miele, 4 pieces.

P. Fatoure, G. Giovane, & P. Baliu, 1.

J. Zianko Polonois, 2.

P. D. Grobber Peintre, N. V. Liinhoven, 1.

Abraham Diepenbeke, Mattheus Borrekens Graveur, 2.

G. P. 1.

A. Both, 3.

Augustin Braun, 1.

P. Jalhea Furnius, 2.

Henry Vander Borcht, apres Paul Veronese, 1.

Julius Compus, de Cremone, 2 Phil. Thomassin.

Bernardin Campus, de Cremone Peintre, Jacques Valegius de Verone, Graveur, 1.

André Campus, & Mattheo Piccioni, 1.

CORNEILLE BUZ, ou BOS.

Son œuvre est de 99 Pieces de son invention, & qu'il a gravées apres Francflore, Michel-Ange, & Titien. En tout 311 pieces.

LVIII. GIO. FRANCESCO VALEGIO, appellé IL VALESIO. Academico Auvivato a fait plusieurs pieces de son invention, & d'autres aussi qu'il a gravées apres Pietro Faccini. Il y a de ce Maistre 61 pieces.

VALERIANUS REGNARTIUS.

Celuy-cy a gravé des pieces apres Ant. Pomerange, Jean Antoine Lælius, Augustin Ciampellus Florentin, Joannes Nicolaus Cressius, Benignus, Horatio Torriani Architecto de sua Majesta Catholica. Il y a 20 pieces.

CAMILLUS CUNGIUS.

Son œuvre est de 15 pieces gravées apres Avanzinus Micius, Gaspar Cælius, Joannes Antonius Lælius, Julius Bentius, Antoine Tempeste, André d'Ancosne, G. Benso.

INNOCENTIUS MARTINI.

Il y a 3 pieces de luy gravées par Matthieu Greuter, Henry Van Schoel.

AUGUSTINUS PARISINUS.

Il y a 5 pieces de luy, lesquelles il a dessinées & gravées apres Hercules Ferrariensis, Flori Machius.

CÆSAR BASSANUS.

Il y a 3 pieces de luy apres J. Batt. Lampus.

IOANNES ANTONIUS, LÆLIUS &

Jacobus Lodus Venetus, son œuvre a esté gravée par Frid. Grutter, Camillus Cungius, M. Natalis. 9 pieces.

JOANNES PAULUS BLANCUS.

Il a fait 2 pieces apres Dominique Fiazella de Sarzane, 2

LE CHEVALIER BURGHESE GUIDOTT.

Quelques-unes de ses pieces ont esté gravées par Matth. Greuteur, & Theodore Cruger.

HORATIO BRUNI, de Sienne.

Il a gravé apres André d'Ancosne, Rutilio Mannini.

CHRISTIAN SAS.

Il a gravé apres Ant. Pomerange.

ANTOINE POMERANGE.

Ceux-cy ont gravé apres luy Christian Sas, Phil. Thomassin, Jean Troschel, Claude Mellan, Valerianus Regnartius, J. Frid. Greuter, Karle Audran, Matth. Greuter, Theodore Kruger, Lucas Ciamberlan, Hier. David, 24 pieces.

RAPHAEL GUIDI.

Il a gravé apres Josepin, Jean Ant. de Paoli, Anastasio Fontebuoni. 8.

Il y a aussi Thysidius Guidus, 6.

JACOBUS LAURUS.

Nous avons 18 pieces de celuy-cy.

ANDRE' D'ANCOSNE.

Nous avons 15 pieces de celuy-cy, quelques-unes desquelles ont esté gravées par Fr. Villamene, & par Hier. David. En tout 191 pieces.

LIX. MATTHIEU GRUTER, Aleman.

Son œuvre est de 91 pieces qu'il à gravées de son invention, & apres Ant. Pomerange, Innocent Martini de Parme, Franciscus Nappi, le Chevalier Burghese, Balthasar Cruceus Bononiensis, Claude Derouet, André d'Ancosne, Franciscus Gualdus Ariminensis, Eques.

IOSEPH GREUTER.

A gravé 13 pieces apres Hiacintus Geminianus.

JEAN FRIDERIC GREUTER.

Celuy-cy en a gravé 79 apres Jean François Romanelle, Ferau Fenzonius Faentinus, Guidus Abbatinus Tifernas, Camillus Cungius, Andreas Camasseus, Pietre de Cortone, le Chevalier Jean Laufranc, le Guide, Ant. Pomerange, Gregorius Grass, André d'Ancone, Carlo Massimi, Lorentius Gruter, Simon Vovet, J. Majus, Ant. Tempesta, Jean Lanfranc, Jean Ant. Lælius, Josepin, le Chevalier Burghese, Jacques Stella, Ant. Tempeste, Charles Sarasin. C'est en tout 183.

## LX. ADAM ELSHEIMER.

Son œuvre est gravée par VV. Hollar, Magdalena Passe, P. Soutman, Adam Van Frankfort, Simon Frisius, & consiste en 27 pieces.

JEHAN ROTTENHAMER.

Son œuvre de 16 pieces se trouve gravée par Lucas Killian, Raph. Sadeler, VVolfang Kilian, Gil. Sadeler, Juste Sadeler, Henry Vander Borcht.

MATTHIAS KAGER, de Bavieres.

Il y a 3 pieces gravées par R. Sadeler, Joannes Reichel, de Baviere, L. Kilian.

ADRIAN DE VVEERT.

Il y a 8 pieces de la Vie de la Vierge.

D. V. C. 8 pieces.

GILES MOSTRAET.

Il y a 9 pieces gravées par J. Sadeler, Raph. Sadeler.

Benedictus de Benedictis Urbinas, 1.

P. Brusæus Noviomagus, 4. Sans nom, Spranger, Raphaël, Petrus Furnius, 7 L. Kiban, C. Lorrain, la Belle, H. Suvanevelt.

CLAUDE LE LORRAIN.

Il y a de celuy-cy 46 pieces.

K. Mandere 2 J. Saenredan. J. Mactami, Jean Toutin, 13.

Remigius Cantagallina Burgensis, 4.

C. V. B. & H. C. F. Crispiaen, J. Ditmer, P. Fatoure, & J. Giovane.

PIERRE SCALBERGE.

Il y a 43 pieces de son invension, & qu'il a gravées apres Jacques Bassan, Josepin, Raphaël d'Urbin, le Dominicain. En tout 230 pieces.

## LXI. OTHO & GISLBERT VÆNIUS.

Gislbert Vænius de Leyden en Hollande, a gravé une grande piece apres Baltazar Perucci de Sienne. Il a aussi fait le Portrait à Cheval du Roy Henry IV. en 1600. apres Antoine Caron.

Otho Vænius, outre les Emblesmes d'Horace, & ceux de l'Amour Divin & de l'Amour Prophane, il a gravé plusieurs pieces apres George de Velde.

Gislbert a aussi gravé apres Otho Vænius, Egbert Van Panderen. Il y en a de P. de Jode.

Pierre Poiret, C. Boël, G. Svvaneburg.

Il y a dans ce Livre icy des deux Vænius, 212 pieces.

JACQUES DE GHEIN.

Il a Gravé apres J. Carle Mandere, Abraham Bloëmart, Za. Dolendo, Jacques de Ghein le jeune, CV. Roeck, Theodore Bernard. En tout 170 pieces.

Jacques Zarnko Polonois a fait la Vie de S. Jacques en 16 pieces. Tout cela ensemble 398 pieces.

LXII. PHILIPPE THOMASSIN.

De la Ville de Troye en Champagne, & qui s'estant allé habituër à Rome, y fit aussi plusieurs pieces dont nous avons recüeilli une bonne partie. Il y en a dans ce volume lesquelles il a gravées apres Jacques Ligosse de Verone, Christofle Suvarts de Munich, Julius Campus, Ferratus Faenzonius, Gio Batt. Ricci di Novarra Pictore, Ecc. Gio Batt. Pagi Ginovese, Federic & Thadeo Zuccharo, Fr. Vanius, Ventura Salimbene, Magnus Potenzanus, Paul Farinate, Jacques Bassan, Fr. Parmesan, Bernardus Castellus, Cl. Dervet, Dominicus Bec Sinensis, Paul de Bramere de Palerme, P. Paulo Sensini, A. Pomerange, Augustinus Ciampellus, Pietre de Iode, Bernardinus Passarus, Richardus Ripanellus Vrbinas, Raphaël d'Urbin, Bartholomeus Paschiarottus, Baltazar Perutius, Frater Cosmas à Castro Franco Capucinus, Federic Baroche, Petrus Racanellus Perusinus, Jacobus Zucca, Eques Joseph Arpinas, Gaspard Cælius, Franciscus Salviatus, Donatus Parigius Senensis. Il a encore gravé des pieces apres le Bronzin, le Vasari, Martin Freminet & autres. Ce Livre contient 143 pieces.

LXIII. NUICTS DIVERSES.

D'Ant. Vandeik, de Daret, de Vovillemont, de Capitelli, de Blanchar, de Cæsar Merian.

H. GOUDT, COMTE PALATIN, & CHEVALIER.

Il y en a 7 pieces seulement qu'il a faites apres Alhseimer, & de son invention.

C. VAN POELENBOURG.

J'ay recueilly 157 pieces de son œuvre, & des suivans, Bartholomeus Breenbergh Schilder, Simon Fresius, D. Gheyn, Guill. Baver ou Baur, F. V. Vingaerde, & J. G. Bronchorst.

J. G. VAN ULIET.

Son œuvre est de 60 pieces, quelques-unes faites apres Livius.

JEAN THOMAS.

Melchior Keerd, 9. & VV. Vaillant.

JONAS SUYDERHOCFF.

A fait plusieurs Portraits de son dessin, & apres P. du Bordieu, J. Ver Spronck, F. Hals, Baudrigien, Merak, Rembrandt, Michel Mierevelt, J. de Vos, J. Van Schorten, N. Van Negre, D. D. Santuoort, Hontorst, N. Van Negre, Jean Livius, T. Keuser, J. Berghem, G. Tereurch, Carle Van Mander, A. Ostaden, D. Bailly. Il y en a donc dans ce Livre 40 pieces.

J. Lives, un Hermite à my-corps, & Jean Baptiste de Vael, 5.

J. VAN VELDE.

L'œuvre de celuy-cy consiste en 40 pieces gravées de son invention, & apres P. de Molyn pour des Païsages Emblematiques.

Il y a aussi de luy des Portraits qu'il a fait apres Adrian Souter, Isac, Isaxs, P. Laenredam, F. Hals, VV. C. Heda.

CORNELIUS DE VISCHER.

Nous avons de son œuvre 73 pieces, plusieurs desquelles sont de son invention, & quelques-unes ont esté faites sous la conduite de P. Souteman, ou apres les dessins de A. Brouver, de A. V. Ostade, & apres luy Jean de Vischer a aussi gravé quelques pieces apres Berghen, Nicolas P. Berchem, & Nicolas Vischer debitoit les mesmes Ouvrages, Dancker Danckers à gravé apres Bergkem.

Pieter Nolpe.

Gerad Segers, Pierre de Jode le jeune. En tout 343 pieces.

LXIV. RHINBRAND.

L'œuvre de ce Peintre & Graveur Holandois consiste en force Pieces, dont j'ay recueilly dans ce volume jusques au nombre de 224 où il y a des Portraits, & des Caprices fort curieux. J. Van Uliet en a gravé quelques-uns apres luy, aussi bien que VV. Ecevir, Pierre de Balliu & autres.

Cornelius Jamson Van Ceulen. C. Van Dalen le jeune, pour le Portrait de Marie de Scurmans. Alde Grave & Virgilius Solis.

A. V. OSTADE.

Il y a de ce Maistre Hollandois 36 pieces.

R. Vorhulst, XX Does, apres Ostade.

Corn. Sachtleven, par Marinus, 1.

J. Livens, par J. Loüis, Segers, J. Cicius, & autres 25 piecet.

## H. GOUDT COMTE PALATIN.

Il y a icy les sept pieces que ce Seigneur Alemand a voulu graver de sa main, lesquelles s'y trouvent dans une grande beauté. En tout 295

## DIVERS MAISTRES DE FLANDRE.

Gerard Segers, par Jacques Nefs, Sim. de Bolsuvert, Paul Pontius, Joannes Eillarts, Jacques Jordaens, Marinus, Jacques de Neefs, Erasme Quellins, par Pietre de Jode le jeune, S. Bolsuvert, Corn. Galle, A. Vander Does, Richard Collin, Jacques Nefs, Corneille de Vos, Martinus Vanden Enden, G. Flinck, C. Van Dalen le jeune, Abraham Diepembocke, Conrad VVaumans, Pierre de Jode, M. Natalis, Joannes Thomas, Franciscus Vanden VVingaerde, Sauvxij, 1.

Martinus Vanden Enden P. Baliu, Corn. Gallo le jeune, Paulus Poncius, Ant. Vandrick, par Corn. Gal. S. Bolsuvert, 2 S. Bolsuvert, Lomelin, Jean Van Hock, par Corn. Galle le pere & le fils, Pierre Van Lint, P. Clouet, P. de Baliu, Christofle S. Serarts, Jean Sadeler.

## LXVI. MICHEL NATALIS.

L'œuvre de M. Natalis de la Ville de Liege, consiste dans ce volume en 54 pieces, qu'il a faites apres Raph. d'Urbin, Sebastien Bourdon, Abraham Diepembecke, Gerard Douffet de Liege, François Romanelle de Viterbe, Jean de Labaer, Bertholet Flemaël, Jean Lanfranc, J. Bapt. Rugerius Bononiensis, Jean Ant. Lælius, Joachim Sandrart, Mattheo Pagani, P. du Bordieu, Gregoire de Grasso, VVat Damery, Andreas Sacchi.

## JUSTE D'EGMONT.

Peintre du Roy, l'œuvre de celuy-cy est de 27 pieces. En tout 81 pieces.

## LXVII. LES SADELERS.

Raphaël Sadeler, apres Petrus Candidus, Josse de Vinghe, Ambrosius Ficinus Mediolanensis, Jean Stradan, Martin de Vos, Gilles Coignet, Jean d'Ach, Jacques Bassan, Matthias Kager, Frederic Zucchre, Jean Rottendamet, Fr Vanius, Titien, Hippolytus Scarcellinus.

Jean Sadeler, apres Petrus Candidus, Martin de Vos, Jean d'Ach, Martin de Vos, Frederic Sustris, Christofle Schuvarts, Jean d'Ach, Antoine Marie Vianius de Cremone, Josse Vinghe de Bruxelles, Theodore Bernard d'Amsterdam, Jean Aradan Achademicien de Florence, Jobst Amman, Jacques Bassan.

Gilles Sadeler, apres Christofle Schuvarts, Jacques Palme, J. Tintoret, VVolfangus Jacobus Comes à Schuvartzenberg, Joseph Heints Helvetius, Jacques Bassan, Raphaël d'Urbin, Jean d'Ach, Paulus Francischi, Titian Polydore, Jean Rottenhamer.

Juste Sadeler, apres J. Tintoret, Jean Rotenhamer, Joseph Salviati.

Raphaël Sadeler le jeune, apres Jean d'Ach, Jean Rottenhaner, Christofle Scuvarts, Isaac Major. Tout cela ensemble 240 pieces.

### LXVIII. Les Hermites de Sadeler.

Et les Hermitesses d'Adrian Collaert, du dessin de Martin de Vos, & de la Graveure de Jean & de Raphaël Sadeler, d'une fort grande beauté. En tout, 132 pieces.

### LXIX. Les Païsages de Gilles Sadeler.

C'et œuvre composé de 218 pieces a esté fait par Gilles Sadeler apres les dessins de Pierre Stephani, Roëlant Savriy ou Sauery, Paul Bril, Joannes Maggius Romanus, Jean Breugel, Ant. Tempeste, Isaac Major, Hans Bol, Matthias Bril, Gilles Mostoard, Lodovico Pozzo Trevisano, Adrian Collaert.

### LXX. Abraham & Corneille Bloëmaert.

Pere & fils, Peintres Holandois, ont fait beaucoup d'ouvrages qu'ils ont gravez eux-mesmes, & qu'on a gravez apres eux, & qu'ils ont aussi faits apres d'autres Peintres celebres.

Jacques de Ghein a travaillé apres Abraham, aussi-bien que J. Mathan, & Corn. Bloëmart, qui a fait des pieces Raphaël, B. A. Bolsuvert, Jean Saenredan, S. Frysius, J. Muller, Frid Bloëmart.

Corneille Bloëmart a trauaillé apres Pierro de Cortone, J. Blanchar, François Romanelle, Jean Angelus Caninius Rom. Anibal Carrache, Franciscus Mazoli de Parme, Frederic Barroche d'Urbin, Titian, Lucas Cangiague, Jules

Romain, Louys Carrache, André del Sarte, Jean Bapt. Ramaciotto de Sienne, Jacques Bichi, Lazarus Baldus, Fabritius Chiari, Lodovico Primo, Greberus Pictor Harlemensis, Petrus Martir Nerius Cremonensis Pictor, Joannes Angelus Caninius, Joseph Greuter, Cyrus Ferrus, Franciscus Romanellus, Gregorius de Grasso Aquilanus, R. à Persyn, Raphaël d'Urbin, le Guide, G. Castellus, Carolus Maratus, Salvus Castellus Aretinus, Fr. Perier, Jo. Thysidius Guidus. Frideric Bloëmaert est fils d'Abraham Bloëmaert, Joachim Sandrart, Josse de Pape, Joachino Sansdrart, Jean André Podesta, Petrus Paulus Ubaldinus, Jean Varin, Gilles Van Couventborch. Ce Livre contient 269 pieces.

## LXXI. Les Mesmes.

Car ce Livre est le second volume des œuvres de l'un & de l'autre Bloëmar, contient 211 pieces gravées par J. Saenredan, J. Mathan, VV. Suvanenburg.

Il y a aussi François Spierre apres le Chevalier, Pierre de Cortone.

Estienne Picard, apres Jean Miele, Carlo Cæsio, Cyrus Ferus.

Guill. Vallet, apres Guill. Cortese, & Carlo Cæsio, Jean Miele, Fr. Nicolas de Bar, & Cyrus Ferus.

Corneille Bloëmar apres Carles Marati, Cyrus Ferus, P. F. Mola, Crispin de Passe, Guill. Passe, Beëtius Adam de Bolsuvert.

Anibal Carrache, Andrea Sacchi, François Albane, Nicolas Poussin, Fr. Romanelle, le Chevalier Jean Lanfranc, Dominique Zamperi, Malot Albani, Carle Maginone, Dominico Fiaxella, Joan-Angelus Caninius Romanus, Jean Miele, A. Camas, Lodovicus Magalotti, Franc Co Crescente, D. Fabio de la Cornia, Nicolas Pucci, Andrea Sacci, G. B. Caus. Multi, Alessandro Ab. Magalotti, Federico Zuccharo, le Chevalier Raphaël Vanius, J. André Podestat, P. Rubens Abraham Bloëmaert, J. Saenredan, G. Van Honthorst, Theodore Baburen. Dansce 2 vol. 211. En tout dans les deux volumes 480 pieces.

## LXXII. Kilian.

Lucas & VVolfangus Kilian ont fait plusieurs pieces recueillies dans ce volume, lesquelles ils ont gravées partie de leur invention, & partie apres les dessins de Jean Rottenhamer, Jean Reichel de Bavieres, Matthias Kager de Bavieres, François Vannius de Sienne, Hubert Gerard Hollandois Statuaire, Pierre Candide, Dominique Custos, VV. Svvanenburg, Jacques Palme, L. Heintz. Barth. Sprangers, Jean Rottenhamer, Corneille Cornelio de Harlem, Jean ab Ach. Jacques Bassan, Paul Veronese, Jacques Tintoret, Frideric Sustris, Joseph Heints, François Bassan, Matthias Kager, Christofle Suvvarts, Adrian de Vries Hagiensis, Nic. de Hoey Belga, Raphaël Custos, Alexander VVifkeman, Abraham Telham, Guill. Hokennauver, Mang. Killian, A. Khol Sculpteur, Sebastien Fureck, Jehot Creutz Felter, Jean Heinrich Schofeld, Jean Virich Mayr, Bartholome Killian, Bartholomeus Hopffer, Fr. de Peij, Jean Miller, Andreas Riehl. En tout 324 pieces.

## LXXIII. JACQUES & THEODORE MATHAN DE HARLEM.

L'œuvre de ces Maistres consiste en 205 pieces qu'ils ont gravées de leur invention, & apres d'autres, & que d'autres aussi ont gravées apres eux, tels que G. Gauu, dont nous avons deux grosses testes de S. Pierre & de S. Paul, & J. Mathan a fait des ouvrages apres Goltzius, E. Congiet, Josepin, Carle Mandre, Corn. d'Harlem. Belardino Pocceti Fiorentino, Abraham Bloëmaer, P. Joseph Valerianus, Jacques Palme, Lucas de Leyden, François Salviati Florentin, M. de Boijs, Barth. Sprangers, H. Goltz, Federic Zucchre, Joachin Sandrart, Martin Heemskerc, le Titian, Pierre Van Rijck, Denys Calvart, Thadeo Zuccharo, Christofle Suvvarts, Albert Durer, Jacques Tintoret, A. Elsheimer, Jacobus Laurus, Sebastiano Vranck, K. Mandre, Titian, Raphaël d'Urbin, A. Van Veenne, Paulus Morelsen, Langepier Jean Rottenhamer, J. Spilberge, A. Hanneman, J. Miitens, N. Moyaert, T. de Keiser, Adrian Mathan, P. de Grebber, M. Sorg, H. Bloëmaert, P. du Bordieu, Cor. Jo, J. Van Ravesteyn, Mirevelt, VV. Suvanenburg, G. Hontfhorst, J. Livius, C. V. Savoy, Everard Quirini, J. Backer, Ghisb Lanssens Linga, P. Soutman, F. Hals, VV. Eversdrech 11 D. Stomme, J. Van Rossun, Vischem, Petrus Jsaac, H. Terbrug, R. Savery.

## LXXIV. MARTIN DE VOS.

Ce Peintre Flamen est un original de beaucoup d'autres,

il n'est pas croyable combien il a fait de dessins, qui ont esté gravez en taille douce, par les meilleurs Maistres de son temps, tels que les trois Sadelers, Adrian Collart, Corneille Galle, Jacques de Bye, Jean Collart, Jean Baptiste Barbé, Theodore Galle, Crispin de Passe, Hierosme, Antoine & Jean VVirix.

Il n'a gueres travaillé que sur des sujets de pieté, & il a fait de longues suite de la Vie de Nostre Seigneur & de la Vierge, avec l'Histoire de la Genese, gravées par Sadeler, les Hermites du mesme Autheur, & un fort grand nombre d'autres pieces considerables.

JEAN STRADAN, de Bruges,

Peintre ingenieux, a fait aussi beaucoup d'ouvrages de Pieté tels que sa Passion de Nostre Seigneur, de 37 pieces.

Il a fait aussi des Livres de Chasses, mais nous n'avons reçüeilly dans ce volume icy, de luy & de Martin de Vos, que 144 pieces.

LXXV. JEAN & ADRIAN COLLAERT, & JEAN STRADAN.

Les œuvres de l'un & de l'autre Collaert ont esté faites des dessins de Tobie de Verthaecht, de Martin de Vos, de Philippe Galle, de Josse de Momper, de Jean Stradan, H. Goltzius.

IEAN STRADAN.

Ce qu'il y a icy de son œuvre est gravé par Jean & Adrian Collaert, Theodore Galle, Corneille Galle, Pierre Furnius, Martin Hemskerck.

Franciscus Vanden Casteel, & Hadrian Hubert.

Il y a aussi apres

MARTIN DE VOS, des pieces de

Crispin de Passe, P. de Jode, Ch. Mallery, Jean Bervinkel, D. Van Boons Peintre, Jean Bapt. Barbe, Henry de Cleves. En tout 446 pieces.

LXXVI. LES CHASSES DE STRADAN.

Elles ont estégravées par Jean Collaert, Charles de Mallery, Corneille Galle, Theodore Galle, Adrian Collaert, Philippe Galle.

Il y en a d'autres de Tempeste, de Marc Girard, de J. Van Boons, d'Estienne de Laune. En tout 150 pieces.

LXXVII. CORNEILLE GALLE.

Corneille, Theodore, Philippe & Corneille le jeune ont

fait plusieurs pieces de leurs propres dessins, & apres les dessins de Jean Bapt. Paggius Patrice de Gennes, Anselme Van Hals, Nicolas Vanden Horst, L. Cigoli Florentin, Ventura Salimbene, Vanius, Jean le Blond Peintre, Martin de Vos, Jean Stradan, Theodore Vander Horst, Erasme Quelins, Egbert Van Panderen, Antivedutus de Gramatica, Abraham Diepenbecke, L. Ciamberlanus, Ambrosius Vrank, Augustin Carrache, P. de Jode, Antoine Bocklant, Jean Van Hoek, Bertole, Ant. Vandick, Josse de Montper, Charles VVautier, Francflore, Jules Mantoüan, L. Penis. En tout 449 pieces.

LXXVIII. LE BREUGLE, & HIEROSME BOS.

Pierre Bruegel l'un des celebres Peintres que la Flandre nous ait donné de son temps, a fait beaucoup de pieces divertissantes dont les Cabinets sont ornez, Giles Sadeler a gravé son Portrait apres Barth. Sprangers, & ceux qui ont travaillé apres luy, sont P. Perret, J. Kock, Hierosme Bos Peintre, Hierosme Cock, Philippe Galle, P. Mandere, H. Bol, Martin de Vos, Guill. Van Nieulant, Henry Hondius. Il y a du Brugle & de Hierosme Bos 116 pieces.

LE CHEVALIER JACQUES BELANGE.

Celuy-cy a fait de sa main 47 pieces. En tout 163.

LXXIX. CORNEILLE SCHUT.

Peintre d'Anvers, a gravé en eau forte plusieurs pieces de son invention, & il y en a d'autres de luy qui ont esté mises au jour par Antoine Coget, Lucas Vostreman, Jean Popels, P. Pontius, Jean VVitdouck, R. Eijnhovedes.

Les Vierges de Saenredan.

Les Penitens dans les deserts de Corneille Cort.

GUILL. FAITORNE.

Anglois a gravé 32 pieces, apres Fridio, Ant. Vandeick, Guillaume d'Obson, P. Lilly. En tout 174.

LXXX. MARTIN HEMSKERC.

Ce Peintre qui auoit certainement beaucoup d'invention, estoit le Raphaël des Hollandois, il a fait plusieurs Histoires de l'Escriture Sainte, & force pieces emblematiques, nous avons recueilly de luy 449 pieces qu'il a gravées luymesme de son invention, qui ont esté gravées apres luy par DVC. c'est de V. Coorhnert, Phil Galle, Gerard de Jode, Muller, Corn. Cort, Hierosme Cock, Martinus Petri, Petrus Furnius, Harman Muller, Jean Collaert. En tout 470 pieces.

LXXXI. FRANC FLORE.

C'est à dire Franciscus Flori ou Floris, Peintre des Païs-Bas, qui travailloit en 1558 a fait plusieurs pieces, dont on a fait des Estampes, d'entre lesquelles j'ay recueilly celles qu'il a gravées luy-mesme, & qu'ont gravées apres luy Antoine VVirix, Corneille Buz, Philippe Galle, Jacobus Spinthusius, C. Cort, Hieronimus Cock, Liefinck. En tout 102 pieces.

ANTOINE BLOCKLANT.

Ce Peintre a eu pour Graveurs, Phil. Galle, & Henry Goltzius, & nous avons de luy 27 pieces. C'est en tout 129 pieces.

LXXXII. & LXXXIII. VENCESLAS HOLLAR.

Celuy cy est de Prague, & a gravé plusieurs pieces en eau forte que j'ay distribuées à 2 Tomes, & les a faites tãt de son invention qu'apres les Peintres, Ant. Vandick, Jean Meyssens, Henry Vander Borcht, Bonaventure Peeters, Jean Holbeins, Jacobus Van-es, J. Danchert, Petrus Van Avont, Jules Romain, J. Hulsman, Abraham Diepembeke, Jacques Franquart Peintre de l'Archiduc Albert & d'Isabelle, fut peint luy-mesme par son Alliée, & par sa Disciple Anne de Bruins, en 1622 A. Elheimer, François Parmesan, Perrin del Vague, Antoine Correge, André Manteigne, Adam à Bierling, Anna Francisca de Bruyns Mensignoure Pictor, Lorenzo di Credi, il Paduano Martin Schon, Leonardo de Vinci, Martin Zimovivan, Ferdinand, L. Haskins, Albert Durer, Raphaël, Marcus Gerhardus Pictor Brugensis, Govvy, H. Garrer, Corneille Schut, P. Rubens, L. Craniole, D. Teniers, David Beck, Giles Sadeler, Jacques Palme, le Correige, Giorgione de Castelfranco, Bonamico Buffalmaco Pictore Venetiano, Titian, Johanina Vesella Pictressa Filia prima da Titiano, Sebastiano del Piombo Discipulo dal gran Giorgione, François Salviati, L. Van Artois Pictor, Loüys de Valdor, Sebastian Vranck, J. Brugel, Jean VVildens, Brighel Pictor, F. Barlovv, R. Gaivvood, Joannes Chrisostomus Prossovvski, Antonius de la Halle, le premier volume contiunt 558 & le second vol. 226. C'est en tout 764 pieces.

LXXXIV. GUILLAUME DELFF.

C'est à dire Guillaume Jacques de Delff, ce sont presque tous Portraits qu'il a gravez apres A. Vande Venne à

Midelburg, Michel Jean Mireveld, Daniel Mytens, R. Voerst, Guitt Honderst, Jean Van Nes, Henry Merman, Guill. Suvanenburg. M. Harings, Jean Nicolas Enchus Pictor, C. Vander Voort, Guill. Duyster Pictor, A. Vinck, D. Bailly, Jean de Rveesteyn, Lambert Jacques, P. Moreelz, D. Petri Pictor, il y a 90 pieces.

HENRY HONDIUS,

De la Haye en Hollande a fait aussi divers Portraits, & quelques-autres pieces de luy-mesme, & apres Antonius Dyckius, Michel Jean Mireveld, Jsacc Mytens, Jean Dame, & d'autres ont gravé apres luy, comme S. Frisius, J. Vanlier, Everard Vander Maes, G. Honthorst, Ant. Vandeik, Crispian Vanden Queboren, Jacob Hoefnagel, Daniel Schultz Steuen de Praet, Jean Vanlier, Guill. Munch, Adolf Boy à Danzick, Martin Van Koutvvenburg, Pierre Danckers, Joannes VVildens. Il y a 82 pieces. En tout 172 pieces.

LXXXV. PORTRAITS.

Il y en a 174 de divers Autheurs, Georges Braun de Cologne, Baptista Rotondus, Jsaac du chemin, Antoine Vandick, & Crisp. Queborn, S. D. Vlieger Peintre Hollandois, G. Flinck Peintre Holl. C. Van Dalen le jeune, J. Livius, P. Holl. Michel Mosyn, Corneille Danckers, Paulus Pontius, Abraham Diepembeck, & Lomelin, Karle Van Mander, Alb. Haelvveigh, P. Codden, Frans Brün, Michaelina VVoutiers, Pictrice, Franciscus Luyck, Franciscus de Nys, Jean Meyssens, Corn. Van Dalen, Joannes Livius, Gerardus Petri N. Van Horst, Corn. Galle le jeune, Vænius, C. Boël, A. Van Doës, Phil. Fruiters, Gerard Segers, Jacobus Neeffs, P. de Bruyne, M. Natalis, Frere Olivier Cordelier, A. Khol. J. F. Fleischberger, Bordieu, Bernard, J. Callot, Petrus Isselburg, Gaspar de Crayer, S. Bolsuvert, Fabricius Chiari, C. Bloëmart, Cyrus Ferrus Joannes Bramer, A. Bolsuvert, C. Mojaert, C. Gousblom, C. du Sart, J. Suyderhoeff, A. Palmaed. C. Van Queboren, S. Dulieger, If. A. Palamed, VV. Svvan, Andreas Stockius, Adrian Souler, Joan de Velde, A. Cuyp, S. Savery, F. Allen, Jansene, P. Holstein, Mattheus Kussel, P. de Jode, VV. Suvanenburg. G. Borch Jacob de Bacher, Pierre de Zetter, C. Koning, Henricus Hondius, Pietre Teste, If. VVaesbergen, Jean Bapt. Borreekens Fr. Cornelis Coninck, Jean Lulma le jeune, Orfevre, Graveur, G. C. Eimar, J. Sandrart de Nuremberg. Joachin Sandrart, Deſſinateur, Regnerus de Perſyn, Jean Baptiſte de Rul, Jacques Pitau, G. de Pas, C. Van Dalen, Th. Mathan, H. Rokeтz, Jean Paine Criſpin Van de Pas, D. Loggan J. de Vos, C. Diiſart, A. Van Nieuland, Van Negre, Baudrigien, Baliju, C. Tonhouſte, H. Van Alde, H. Mayer, Abraham Conradus, Henry Buſch, Pierre Clouvet, Paulus Van Vianen, A. Lutma, S. A. Lamſvveerde, J. V. Zuylen, P. Popels, Henricus Memſius grand Ecrivain, Cor. de VViſcher. En tout 174 pieces.

LXXXVI. PIERRE DE IODE.

Graveur & Deſſinateur excellent, Diſciple de Goltzius, a travaillé fort long-temps à Rome, il mourut en l'année 1634 Pierre de Ieune a fait ſon Portrait, apres M. Ferdinand, & nous avons de luy & de ſon fils diverſes pieces de leur invention, outre ce qu'ils ont fait apres le Titian, Alexandre Caſolanus de Sienne, Robert Nolanus, appellé Colyns Statuaire, & Jean Coomans auſſi Statuaire, Egman Van Panderen, Pater Bartolomeus Fontebona Pict Artemiſia Gentileſca Pictrico Napoli, Andreas Boſcolus Pictor Florent. Frater Ambroſius Smetius, Antoine Salarts, Auguſtinus Bruyn, Adrian Collart, Abraham Diepembeck, François Vannius, Aubertus Miriens, Bruxellenſis Canonicus Antuerp. & autres, Adam Van Oirt, Jean Collart, Sebaſtianus Vranck, C. VVoutiers, Henry Danckers, Simon Vovet, Gerard de Jode, Huge Goltzius, Abraham Ianſſ. Joachimus Sandrart, Eraſme Quellens, P. Van Mol, Ant. Vandick, P. Rucholle, Corn. de Vos, Richart Collin, Conrad VVaumans, C. Van Caukerkan, Theod. à Thulden, Jacques de Neffs, Ant. Vander Does, Gaſpar de Crayer, Alexander Voet, Ottho Væni, Corn. Galle le jeune, Jean Bapt. Van Anviem, Fred. Bouttats, T. VVilleboorts F. Boultats, Paul Rubens Franciſcus de Nys, Charles VVoutier, Adrian Souter. Tout cela enſemble, 373 pieces.

LXXXVII. PORTRAIST D'ITALIE, & d'autres païs,

De divers Maiſtres, de Van Brenden pour des commencemens de Livres imprimez à Amſterdam en 1652 Adrianus Hanmeman, Henry Danckers Hagabatavus, Petrus Anichinius, M. Kiiſell Calcographus, VV. Vaillant, Pierre Lombard, M. Merian, Georgius Dux Albæ Marliæ, C. Eimar Pictre, J. Sandrart, Oſvvalt Onghers, G. Chriſtofle Eimar Ro. Vaughan, P. de Jode, C. Meiſſens, C.

VVintiers, R. Meerte, C. Cauckerken, François de Nys; Corn. Meyssens, Jean Meyssens, Eqnes Octavius Leo Rom. Christophorus Ronchalis de Pomeranciis, Lud. Leonus Patavinus Pictor, Jconum Cuniorumque Scul. Eqnes Ioannes Laurentius Berninus Neapol. Sculptor, Eqnes Joannes Balionus Rom. Pictor, F. Stuerherlt, G. & Van Hondt Horst, Nicolas de la Casa, Johan Bass. Cor. Galle, Th. Pigut, J. Svvelinck, J. Van Meurs Calcog. Pet. Isselburg, Joanna Galle, Nicolaus Marotta, Pict. Jean Meyssens Peintre, P. Van Stupen, C. VVaumans, Jacques Neeffs, P. de Balliu, P. Clouvet, Federic Boutars, E. Van Eych Pict. Richart Collins, R. Van Brugge, L. Van Leyden, H. Goltzius, G. Glo, H. David, Robert Peake Anglois, P. Daret, M. l'Asne, J. Falck, Bernard Pict. Phil. Thomassin, Raph. Sadeler, Th. de Leu, E. Kysel, Crispin de Pas, Francisco Cuiti, Melchior Tavernier, Jacq. Calot, P. Van Lochon, Robert Nueis, Augustin Bruun Pict. François Brun, Abraham Conraed, Lazarus Baldus, Corn. Bloemaert, Ant. Vander Does, Rambout Vanden Hoeye, Christofano Berello da Rimini in Modena, VV. Altzenbach, S. Saureij, Daniel Meisn, Alexandre Voet, P. Scalberge, Jean Sudburi. En tout 269 pieces.

LXXXVIII. PORTRAITS D'ANGLETERRE,

De divers Maistres dessinez & gravez par Thomas Johnson Pict. Brittaines Bursse, François Van Benseam, R. Elstrack, Corn. Galle, François Delaran, Crisp. Queborn, Corneille Danckers, Gerric Mountin, Thomas Geele, Simon Passe, Guill. Peack, Guill. Maesthall. Scut, Robert, Vaughan, Michaël Jansf. Mir. Pict. Thomas Jenner, P. Van Lomer, Pict. Ro. Van Abraham, D. Coogac, Martin D. Ro. VVillam Marstial, George Humble, R. Gayvvoot, Joannes Barra, Robert Boissard, Jean Cressius, Sebastian Furck, The. Dezyre, Martin Droes Hout Sculptor, Thomas Johnson Pict. Reg. Brit, J. Villiam Rudilgard, Joannes VVoutnellius Belga, Seb. Lellin, Guillaume Faitorne, VVillan Riddiard, Jsach Jsachsen, R. A. Persyn, Corn. Johnson, G. Glover, Thomas Banckes, VVill. Dobson, G. Geldorp, Voverst, C. Van Dalen, Groff. P. de Jode, VVill. Passe, Pierre Isselburg, J. V. Velde, Crispin Van de Passe, Edm. Bovver Pict. G. Glover, J. Paine, Stephan Harison, C. Boel, H. Goltzius. Il y a 400 pieces.

LXXXIX. PORTRAITS D'ALEMAGNE.

De divers Maistres Dessinez & Gravez par Crispin de Passe, Dominique Custos, Georgius VVickgram Spirensis Pictor, Petrus Isselburc, Jean d'Ach. Pict. Mang Kilian Pictor, VVolfangus Kilian Sculp. Jacobus ab Heïden Sculptor Argentinensis, P. Soutman, Dominico Zoroti Nicolo Nelli. Il y a 224 pieces.

XC. JEREMIE FALCK.

Celuy-cy Polonois a gravé plusieurs pieces, non seulement de son dessin, mais encore apres Juste d'Egmont, Jacques Stella, Van Mol, Marcin German Geometre, Guill. Hondius de la Haye, J. le Blond, D. Kloker Pict. A. Boy Pict. à Danzick, E. Quellinus, Sebast. Bourdon, D. Beck Pictor, D. Schultz Pictor, Danckiers Pict. H. Munich Pictor, A. Cooper Pictor, S. VVagener Pict. G. Dittmaens Pictor, Adolfe Boy Pictor, Helmich à Jvvenhusen Pictor. Il y a en tout 93 pieces.

XCI. PIERRE VAN SCHUPPEN.

J'ay receüilly dans ce volume 33 pieces de ce Maistre Flamen, lesquelles il a gravées à Paris & dans son Païs apres Gaspar de Crayer, Jacques Stella, Abraham Diepembeck, Raph. d'Urbin, Jean Meyssens, P. Mignar, N. Mignar, Juste d'Egmont, J. Nocret, V. Vaillant, Fr. Chauveau, Pierre Van Lint, Lucas François, Pierre François, Charles le Brun, Beaubrun, J. Dieu, Ant. Vandick.

NICOLAS PITAU.

Il y a de celuy-cy 24 pieces qu'il a gravées à Paris & en son Païs apres Simon François de Tours, Philippe Champagne, Louys Carrache, Raph. d'Urbin, S. Villequin, le Guerchin, Baubrun, C. le Febvre. En tout 57 pieces.

XCII. UN LIVRE

Intitulé *Speculum Romanæ magnificentiæ*, contenant presque tous les Monuments qui restent de l'ancienne Rome, où il y a 118 figures, le tout imprimé chez Antoine l'Affreri à Rome en 1565.

XCIII. PORTRAITS

De divers Maistres d'Italie, d'Alemagne & des Païs-Bas, lesquels ont esté dessinez & gravez par Nicolas Beatricius, Sericius, Cæsar Bassanus, Paulus Manpinus, Joannes Bapt. Bonacina, Hippolitus Salvianus Romanus, in sua Historia Animalium aquatilium, cum eorumdem formis aere excusis, anno 1593. Cæsar Dominicus, Dominicus Custos, Eques Octavius Leonus Pictor, Joannes Florimus, Georges Pentz, HSL, 1554, Battista del Moro, Jules Bonasone, Eneas Vicus, l'Espagnolet, Francesco Terzo Pittore, Horatio Brunis, Velazquez Pictor Madritti 1638. Thomas Jonner, Aug. Carrache, Georgius VVickgram Spirensis Pictor, Fabio Licinio Pict. P. de Bruyn Sculp. l'Hespagnolet, Giacomo Piccino, Hieronimus Cock, Alessandro Victorio Classico Sculptore è Architecto, Lud Pozzosaratus Flandrensis, Jacobus Tintoret, Dominico Falcini Fiorenza, Franciscus Ravenna Pict. Nicolo de la Casa, Nicolas Perrey, Joannes Bapt. Van Heil Pictor, Ant. Vandyck, Titian, Gaspar Grispoldi, Corn. Cort, Joannes Maria Morandi Pictor, Herman Pannels Madritti, Fr. Vannius, Joannes Eillarts Frigius Sculptor, P. Harlingensis Pictor, Ger. Van Hondt Horst Pictor, R. Collin, J. Troyen, VV. Vaillant, Dominicus Custos, Ragueneau Pict. P. Philippe Sculptor, R. Garivood, Matthieu Merian, Bernardinus Bassianus Pict. A. Sallart Pict. A. Lommelin Scul. le Blond Peintre, Jean l'Enfant, Guillaume Akerstoot Peintre de Harlam, A. B. c'est Abraham de B. chez Hans Liefrinck, Philippe Galle, L. Cornelli, Jacques de Heiden, Theophilus Dachtler Pict. Il y a dans ce Livre 213 pieces.

XCIV. PORTRAITS DE PAPES ET DE CARDINAUX.

De divers Maistres qui les ont dessinez ou qui les ont gravez eux-mesmes, entre lesquels sont Elie du Bois, Michel l'Asne, Fr. Villamene, Donatus Bortellus, C. Audran, Theod. Galle, Robert Piccou Turon Pict. Hierosme David, Jean Valder, Carlo Cæsio Pict. Aubertus Clouvet, Joseph Testana Gennensis, Jo. Ma. Morandi Pict. Guill. Valet, Estienne Picart, Hippolitus Leon Pict. Jo. Batt. Bonacina Sculptor, Dominicus Piolæ Genuensis Pict. Petrus Martyr Pict. Dom Rainaldus Pictor. Il y a 541 pieces.

XCV. PORTRAITS D'EMPEREURS ET DE ROYS.

De divers Maistres. En tout 443 pieces.

XCVI. PORTRAITS DE DIVERS PRINCES D'ITALIE.

D'Alemagne & autres lieux de divers Maistres, de Pietre de Jode, Cripin de Passe, Bolognini Zalterij, VV. Killian, Dominique Custos, Jean d'Ach, Georges VVickgran, & autres. Il y a 300. pieces.

XCVII. PORTRAITS DE PRINCES D'ITALIE ET DES PAÏS-BAS DE DIVERS MAISTRES.

Là sont les Ducs de Milan, les Comtes de Frise, les Comtes de Flandres, les Ducs de Brabant, les Comtes de Hollande, les Comtes de Tirol, les Roys de Portugal, les Roys de Naples, les Ducs de Milan differens des premiers, les Ducs de Venise, les Ducs de Savoye, les Ducs de Mantouë, les Ducs de Ferrare. En tout 312 pieces.

XCVIII. PORTRAITS.

De Thevet & d'illustres Turcs de divers Maistres, il y a 372 pieces.

XCIX. AUTRES PORTRAITS,

D'André Thevet, & de quelques autres Princes & Personages illustres, d'un Livre imprimé à Venise chez Bolognini Zalberi. Il y a 371 pieces.

C. PORTRAITS

De France de divers Maistres, là sont les Roys les Reines, les Roys d'Austrasie & autres Personages illustres. Il y a 456 pieces.

CI. PORTRAITS,

D'Empereurs & de Princes illustres dans un Livre intitulé, *Augustissimorum Imperatorum Serenissimorum Regum atque Archiducum, Illustrissimorum Principum, nec non Comitum, Baronum, &c. ex omnibus fere orbis terrarum Provinciis, &c. Opus continuatum & absolutum à Iacobo Schrenckhio de Moringen, Oeniponti.* C'est à Inspruck en 1601, ce Livre contient 268 figures debout.

CII. PORTRAITS

De doctes Personages de divers Maistres, Philippe Galle, H. H. Anglobritanus, de Crispin de Passe. Il y a 403 pieces.

CIII. AUTRES PORTRAITS,

De Sçavants, de Medecins & de Peintres. Il y a 396 pieces de divers Maistres, & de belle impression.

CIV. LIVRE DES PORTRAITS

Des Foucres d'Augebourg, dessinez & gravez par Dominique Custos, en 1593. Il y a 130 pieces.

CV. PORTRAITS

De Personages illustres apres l'Antique, gravez par des Maistres divers, & premierement un Livre intitulé, *Illustrium imagines ex antiquis Marmoribus, Numismatibus, &*

*gemmuis expressus, quæ extant Romæ, Major pars apud Fulvium Vrsinum, & I. Fabri ad singulas commentarii.* Theodore Galle les avoit dessinées à Rome, & les grava à Anvers en 1598.

Un autre Livre intitulé, *Illustrium Virorum ut extant in urbe expressi vultus Romæ an 1569 formis Antonij Laffreri.*

Autre Livre intitulé, *Effigiis 24 Romanorum Imperatoris à C. Iulio Cæsare ad Heliogabalum, Marius Cartarus, fecit Romæ*, an. 1578.

Dames Romaines, & Portraits de Philosophes.

Un Livre intitulé, *Regum Romanorum, ex antiquis Numesmatis Marmoribusque exactissima Effigierum delineatio Vulturio Recutito aucthore.*

Un autre Livre intitulé, *Varie accouciature di Teste usate in diversa Citta di d'Italia*, par Giouan Guerra. Ce volume contient en tout 439 figures.

## CVI. IMAGES DE SAINTS,

Et de Saintes, & de figures emblematiques de divers Maistres, Jean Stradan, Theodore Galle, Raphaël Sadeler, Jean Bapt. Barbé, Corn. Galle, Odoard Fialetti, Adrian Collart, D. Teniers, Michel Sniders, Boëtius de Bolsvvert, Abraham Bloemaer, Corn. Kilian, Martin de Vos, Jean Collart, Phil. Galle. Il y a 338 pieces.

## CVII. PORTRAITS EN BOIS,

A la plume, & en taille douce de divers Maistres, tirez du Livre de Paul Joüe, du Livre des cent Capitaines, & du Livre de la Case Vrsine. Il y a aussi un Livre des Dieux & Deesses tirée de l'Antique, & d'autres de Portraits de Turcs, par Theodore de Bry Citoyen de Liege, en 1596. Il y a 537 pieces.

## CVIII. UN LIVRE DE PORTRAITS

En bois, intitulé *Imperatorum Romanorum, omnium Orientalium & Occidentalium imagines ex Antiquis Numismatis delineatæ, addita descriptione ex Thesauro Iacobi Stradæ. Tiguri ex Officina Andreæ Gesneri*, anno 1559 in fol. Il y a 177 figures.

## CIX. LIVRE DE PORTRAITS

En bois de divers Maistres, avec les Cesars de Tempeste gravez par Schiaminose, les Portraits en bois d'Albert, d'Eneas Vicus, de Goltzius, de Lucas Cranis, apres Titien.

Là sont les Roys de France, de Naples, & d'Angleterre, les illustres de la Maison d'Autriche, les Peintres du Vasare, & plusieurs autres. Il y a 455 pieces.

CX. UN LIVRE DE PORTRAITS

Des Comtes de Hollande, intitulé *Principis Hollandiæ & VVestfrisiæ auspiciis Petri Scriverij*, les figures gravées par P. Soutman en 1650. Il y a 40 Figures apres Jean Van Eych, Rogier Van Brugghe, Lucas de Leyden, J. Mostrart, Titian, A. Moro, P. P. Rubens.

CXI. IEAN THEODORE DE BRY de Liege.

L'œuvre de ce Maistre consiste en 129 pieces, lesquelles il a gravées de son invention, & apres Jacques Kempiner, Titien, Michel Blondus à Amstredam, Guill. Jansen, Crispin de Pass. Hierosme Baung Peintre à Nuremberg, Jean Sterter & Daniel Zech à Augsbourg en 1615.

Les Images des Sultans descripts par Jacques Boissard de Besançon & gravez par Theod. de Bry de Liege en 1643.

Blochom, Marc Gerars Peintre, Philippe Galle, Joos Boscher, Jacques Jacquart, Baltazar Silvius pour des Moresques, & François Glein.

JEAN VALDOR, de Liege,

A travaillé apres Michel Pontianus, & a fait beaucoup de choses de son invention, dont nous avons icy recueilly 86 pieces.

CHARLES DE MALLERI, d'Anvers.

Ce Maistre Graveur ne marque pas les nõs de ceux apres lesquels il a travaillé, & nous avons recueilly 342 pieces de son œuvre, contenuës dans ce volume icy. Il a fait neantmoins bien des choses apres Martin de Vos, Hierosme VVirix, Antivedutus de Grammatica, Daniel du Montier, D. Rabel, J. Stradan, Fr. Vannius, Adrian Collart, & Matthieu.

JEAN BAPTISTE BARBE.

Il a graué apres Theodore Vãlo, Corn. Galle, Franciscus Frãc, Jean Bapt. Paggius Patricius Genuensis, Martin de Vos. Il y a icy de luy 57 pieces. En tout dans ce volume 812 pieces.

CXII. UN LIVRE DE DIVERS MAISTRES.

Les Metamorphoses de Francesco Glein, gravées par Salomon Savery, en 17 pieces.

Les Metamorphoses de Pierre Vander Borcht imprimées

à Anvers chez Theodore Galle en 1622, contenant 178 pieces.

Les Jugements de J. VVeetvvael gravez par C. Svvanenburg. En 13 grandes pieces.

EDOÜARD ECMAN, Graveur en bois,

A fait 105 pieces apres L. Businck, & Jacques Calot.

MAISTRE ESTIENNE DE LOSNE.

Celuy-cy de la Ville d'Orleans a dessiné & gravé de son invention, & des dessins de Raphaël & de quelques autres en petit, 318 pieces.

MAISTRE RENE' BOIVIN, d'Anjou.

Il y a icy de luy 23 pieces. En tout dans ce volume 811 pieces.

CXIII. CXIV. & CXV. CRISPIN DE PASSE, de Zelande.

L'œuvre de ce Maistre distribué en 3 volumes consiste en plusieure pieces qu'il a gravées de son invention, & apres Geldorpius, Goltzius, François Pourbus, Jean de Mabeuge, Jean Henry VVegman de Lucerne, Abraham Bloëmaert, Josse VVinghe, Augustin Braun, Crispine Vandrabroeck, Martin de Vos, le Chevalier Jacques Belange, Jean Rottenhamer, Hippolitus Andreasius, Crispian Queborne, Crispiaen, J. Spechar, Marius Arconius, Jean Van Achen, Quintin de M. H. Van Balen, Jacques de Zettre, Gabriel Spilberg, P. de Jode, Paul Morelse d'Utrect Peintre, Joachimus Junius Pict. Roëlant Saveris. Et ceux-cy ont aussi gravé dans le mesme Recueil, Crispin de Passe le jeune, Magdelaine Passe, Barbara filia Crispine, & Gilbert Passe, Martin Freminet, Jean Stradan Gilles & Jean Sadeler, Georg. Bohm Herman de Vallenhouë Peintre.

Les Portraits gravez par Simon Passe, Crispin de Passe le jeune & le vieux Crispin, aussi bien que Guillaume Passe, apres N. Negre, Geldorpius Gortzius, Jsaac Olivier, Michel Mirevelt, P. C. Van Somer, Regier Mich Her Nad VVilliam Peake, D. du Moutier. C'est en tout dans les 3 volumes 861 pieces.

CXVI. FRANÇOIS PERIER,

Peintre François qui a pris sa naissance en Bourgogne, a dessiné & gravé plusieurs pieces de son invention, & d'autres aussi ont gravé sur ses dessins, tels que François Bourlier, Gilles Rousselet, & J. Couvai. Il y a aussi quelques pieces de l'Arc de Constantin, de Mattheo Piccioni Romain, G. Perier le jeune de Mascon, de qui nous avons deux pieces, l'une desquelles est gravée par Gabriel le Brun. Ce sont en tout 215 pieces.

CXVII. SIMON VOVET,

Peintre François & premier Peintre du Roy, de qui les ouurages sont assez connus, a dessiné plusieurs pieces de sa main, qui ont esté gravées & mises au jour par Michel Dorigni & François Tortebat ses Gendres, qui sont aussi des Peintres considerables, son Portrait a esté fait par Ant. Vandick, par Fr. Perier, & par le Chevalier Octavius Leonus Peintre Romain, & entre ceux qui ont gravé apres luy, outre Michel Dorigny qui en a plus fait que pas un seul de tous les autres, il ne faut pas oublier Michel l'Asne, Claude Melan qui a fait aussi le Portrait de Virginia de Vezzo de Veletri Peintresse, femme de Simon Vovet, Pierre de Jode, Frederic Greuter, P. Daret, François tortebat, Joan Boulanger, Jean Couvay, Regnesson, Pierre de Jode le jeune, Franc Ragot, Charles David, Karlo Audran, Jean Troschel.

Il y a aussi quelques pieces d'Aubin Vovet, gravées par M. l'Asne. En tout 168 pieces.

CXVIII. CLAUDE VIGNON.

L'œuvre de ce Peintre qui doit sa naissance à Tours, est de 237 pieces qu'il a gravées luy-mesme en eau forte, ou qui l'ont esté en diverses maniere par P. Daret, Pierre Firens, Karle Audran, Gilles Rousselet, Michel l'Asne, Hierosme David, Antoine Garnier, Pierre Lombard, Iean Couvaj, Gaspard Firens, René Lochon de Paris, Guillaume de Geijn, Charles David, C. Danckerts, J. Ganiere, des Hayes, Pierre le Maire disciple de Vignon, Abraham Bosse, Pajot.

CXIX. JACQUES BLANCHAR,

Peintre de Paris a fait plusieurs pieces qui ont esté gravées par luy-mesme, & par Pierre Daret, Jean Couvaj, Giles Rousselet, François Poilli, & autres. En tout 45 pieces.

LAURENT LA HYRE.

Peintre François à dessiné & gravé de sa main plusieurs pieces qu'il a faites, & d'autres en ont aussi gravé apres luy. En tout 119 pieces.

CXX. IACQUES STELLA

Peintre François de Lion, honoré de la qualité de Chevalier, a dessiné & gravé luy-mesme plusieurs pieces de sa main, & d'autres aussi en ont fait apres luy, tels que J. Couvaj, Fr. Poilly, H. David, P. Daret, Giles Rousselet, P. Van Scupen, Abraham Bosse le jeune, Jeremie Falck, Claude Goyrand.

Claudia Stella sa Niepce a aussi mis au jour quelques pieces de sa façon qui sont fort agreables, outre ses 4 Livres d'ornement d'Architecture, & les figures qui ont esté mises de sa main dans le Missel François de Monsieur Voisin.

Il y a un Paul Stella Peintre d'Italie, dont il y a icy une estampe imprimée à Milan. Le nombre des pieces de ce Livre est de 151.

CXXI. DANIEL KABEL.

L'œuvre de ce Peintre François seroit fort nombreuse, si nous en avions pû recueillir tous les commencemens de Livres dont il a donné des dessins, ou que son nom eust esté mis dans toutes les pieces de son invention qui ont patu au jour. Entre ceux qui ont gravé apres luy, on peut nommer Leonard Gaultier, P. de Jode, P. Firens, Melchior Tavernier, Sebastien Voüillemont, C. David, M. l'Asne, & luy-mesme en a gravé beaucoup de sa main.

Il y a aussi des pieces de Jean Rabel son Pere, dont nous en avons icy quelques-unes gravées par Th. de Leu, Ch. Malery, & gui ont aussi esté gravées de sa propre main. En tout 187 pieces.

CXXII. PHILIPPE CHAMPAGNE.

Ce Peintre a eu pour Graveurs, Michel l'Asne, Jean Morin, Gilles Rousselet, Rob. Nanteuil, Pierre Daret, Gregoire Huret, Ch. David, Nic. Poilli, P. Lombard, N. Pitam, Jean Alix, J. Boulanger & autres.

JEAN MORIN.

A gravé quelque chose de son invention où il n'a pas mis son nom, & nous a laissé des Estampes apres Raphaël, Titien, Carrache, Georgeon, Fouquier, Poelenbourg, Champagne, Pourbus, Cl. Lorrain, Ferdinand, Juste, Vandick, Citermans, Frere Donstan de l'Ordre de S. Benoist, Hierosme Franque Peintre du Roy.

Nicolas de la Platte, Montagne & Michel Montagne. En tout 171 pieces.

CXXIII.

CXXIII. CHARLES LE BRUN,

Peintre du Roy, dont nous avons quelques pieces gravées de sa main, sans les autres qui ont esté faites apres luy.

CXXIV. GILES ROUSSELET.

Excellent Graveur en taille douce, dont j'ay recueilly l'œuvre assez entiere en partie de son invention & quelques-unes apres Charles le Brun, dont il a suivy heureusement les dessins, aussi bien que de Claude Vignon, de Jacques Blanchar, de Laurent la Hire, de François Perier, de François Chauveau, de Gr. Huret, de N. Loir, de Loüys Hans, de Ph. Champagne, de Daniel du Moutier, de Charles Erar, de Jean Valdor, de Gilbert Seve, sans parler des pieces qu'il a faites apres Raphaël, Titien, Pietre de Cortone, le Guide, Augustin Carrache, Fr. Vanius, Paul Veronese, François Albane, Sebastien Bourdon, Jacques Stella, Loüys Tettelin, le Dominicain, Paul Farinate, Frere G. P. Cordelier, & autres. En tout 334 pieces.

CXXV. DIVERS PEINTRES FRANÇOIS, EUSTACHE LE SUEUR.

Ce Peintre François Parisien a travaillé avec succez dans le peu de temps qu'il a vescu, & les Graveurs qui ont travaillé apres luy sont Pierre Daret, Michel Dorigny, Jean Couvaj, dans les 13 pieces que nous avons de luy.

JACQUES SARASIN, de Paris,

Peintre & Sculpteur, a fait seize pieces que nous avons apres luy gravées par P. Daret, & Michel Dorigny.

PIERRE & NICOLAS MIGNARD.

De la Ville de Troye, le premier appellé le Romain, & l'autre Avignonois, parce qu'ils ont demeuré à Rome & en Avignon, travaillent maintenant tous deux à Paris avec succez. Le premier a gravé luy-mesme quelques pieces à Rome, & Nicolas Mignard en a gravé cinq ou six en eau forte de sa main apres l'invention d'Annibal Carrache. Il n'y en a que 16 de l'un & de l'autre dans ce Livre.

CHARLES ERRARD

De Nantes, qui demeure maintenant dans les Galleries du Louvre, où il travaille avec succez, a conduit l'œuvre que nous avons de ses dessins, & de l'invention du Guide, & d'Annibal Carrache, par la main de François Poilly, Gilles Rousselet, Karle Audran, P. Daret, René Lochon, G. Tournier & Michel Mosin. Pour 58 pieces diverses.

SEBASTIEN BOURDON.

Peintre François de la Ville de Montpellier a fait diverses pieces qui ont esté gravées par luy-mesme, & par Giles Rousselet, M. Natalis, P. Lisebetius, T. Van Kessel, Gregoire Huret, Rob. Nanteüil, J. Couvaj, S. Bernard. Il n'y a icy de luy que 30 pieces.

SIMON FRANÇOIS

De la Ville de Tours Peintre considerable, a fait graver 7 pieces de son invention, par Jean Couvaj & Nicolas Pitau.

JACOB BRUNEL

De Tours, fut un Peintre fameux du temps du Roy Henry le Grand: & cependant nous n'avons que trois Estampes apres luy, l'une en eau forte de Henry Oldelen, qui n'est pas un nom de grande reputation, la seconde de Pierre de Jode, pour le Portrait de Pierre de Franqueville Architecte & Sculpteur du Roy Tres-Chrestien, qui pour son merite fut honoré de la qualité de Citoyen de Pise. Et le Portrait d'Henry IV. en busq dans une niche gravée par Th. de Leu.

ROBERT PICOU

De Tours Neveu de la femme de Bunel, nous a laissé de luy-mesme quelques pieces en eau forte, & d'autres de l'invention de Jacques Bossan. Et Hierosme David en a fait une apres luy qui est le Miracle de S. François de Paule traversant la Mer de Sicile, & en suite les illustres de son Ordre, jusques au nombre de 105. mais elles ne sont pas dans ce Livre, où il n'y a que les 3 pieces de sa main.

FRANÇOIS POURBUS.

Il n'y a icy que 3 pieces de son invention, qui ont esté gravées par J. Sadeler.

TOUSSAINT DU BREUIL

Peintre François, sous le regne du Roy Henry IV. n'a pas eu beaucoup de Graveurs apres luy, & je n'en ay que fort peu de pieces, qui ont esté faites par P. Fatoure, & par Gabriel le Jeune son disciple.

MARTIN FREMINET.

Ce Peintre de Paris qui eut grande reputation en son temps, ne nous a laissé icy que sept Estampes de ses dessins, gravées par Philippe Thomassin, & par Crispin de Passe.

NICOLAS PROVOST,

Peintre François de Paris, apprenty de Claude Vignon a gravé six petites pieces en eau forte, & il y en a une autre petite apres luy qui a esté faite par C. David. C'est à dire 7 en tout.

JEAN BOUCHER,

Peintre de Bourges, a fait de sa main 5 pieces en eau forte.

PIERRE BIARD, de Paris,

Sculpteur en Pierre, a fait aussi 12 pieces en eau forte.

NICOLAS DE LA FAGE,

Peintre en Broderie à l'éguille de la Ville d'Arles en Provence, a gravé six pieces en eau forte, & une autre l'a esté apres luy par J. Lenfant. Si bien que nous avons 7 pieces de sa façon.

MONSIEUR LE PRINCE ROBERT PALATIN

A fait deux petits Païsages en eau forte.

MONSIEUR L'ABBÉ DE PONT-CHASTEAU,

A fait aussi deux petites pieces que je considere pour son merite, & pour la dignité de sa personne.

GEORGES L'ALLEMAN,

Peintre François de Nancy a dessiné plusieurs pieces qui ont esté gravées en bois & mises en clair obscur par L. Businck. Il y en a outre cela en eau forte qui ont esté gravées par luy-mesme, & d'autres par Michel Dorigny, P. Brebiette, & J. Ganiere.

Messire Philbert Jean de Filhet de la Curée, Chevalier de la Province de Zuthfen a gravé en taille douce de son invention, une Image de la vie humaine.

Frere Loüys Barbasan de l'Ordre de Premontré a gravé le plan & la perspective de l'Abbaye de Premontré apres le dessin de Frere François Buyrette du mesme Ordre.

Messire Claude Maugis, Conseiller & Aumosnier du Roy & de la Reine Marie de Medicis, Abbé de S. Ambroise de Bourges, dont le Portrait a esté gravé par Lucas Vostreman a dessiné cinq ou six testes à la plume dans ce volume, où sont comprises en tout 226 pieces.

CXXVI. LEONARD GAULTIER.

Ce vieux Graveur a gravé plusieurs pieces de son invention, & entr'autres des commencemens de Livres, & des Figures de Theses emblematiques, pour le Pere Martin

Meurisse Cordelier, depuis Evesque de Madaure Suffragant de Mets, & a gravé aussi apres les dessins de Daniel Rabel, d'Antoine Caron & autres, en tout 800 pieces.

CXXVII. MICHEL L'ASNE, Graveur du Roy

De la Ville de Caën en Normandie a fait une œuvre considerable en taille douce, dont force pieces qu'il a gravées sont de son invention, mais il en a fait aussi beaucoup apres des Originaux d'autres Peintres excellents, tels que Paul Veronese, Ch. le Brun, P. Paul Rubens, Josepin, Annibal Carrache, Jean Benedette Genovese, Simon Voüet, Raphael, François Chauveau, Vincent Plassard, Daniel du Moustier, Salomon de Brosse Architecte qui a basty Luxembourg, Phil. Champagne, Jacques Gaffarel, Jean le Blond, Henry de Bruch Abbé, Beaugin, Ferdinand, Alexandre Francine Florentin, Nocret, Pelerin, Abraham Diepembeck, Lucianus Borz, Ant. Vandick, Laurent de la Hire, Claude Vignon, Aubin Voüet, l'Hespagnolet: Il Cavalier Oratio di Ferari Genovese, Abraham Bosse, Saint Igny, François Frank. Il y a encore outre cela deux volumes en tout 610 pieces.

CXXVIII. PIERRE DARET

De Paris, a presque gravé toutes les pieces que nous avons d'Eustache le Sueur, & de Jacques Sarasin, il en a aussi gravé beaucoup apres Simon Voüet, quelques-unes de son invention, & d'autres encore apres Michel Ange Caravage, Jacques Blanchar, Jacques Stella, le Guide, Annibal Carrache, Michel Corneille, Ant. Vandick, Gerard Segers, Erasme Quelins, Ch. le Brun, le Titien, du Garnier, Daniel du Moustier, le Breton, Ph. Champagne, Leonard de Vinci. En tout 409 pieces.

CXXIX. & CXXX. GREGOIRE HURET,

Dessinateur & Graveur de la Ville de Lion, a fait un fort grand nombre d'Images de devotion, outre ses Theses, ses Portraits & autres pieces de son invention, en ayant d'ailleurs fort peu fait apres d'autres Peintres ou Dessinateurs, encore n'y a-t-il que des Portraits comme quelques-uns qu'il a faits apres Ph. Champagne, les Beaux-Bruns, Loüys Girard, A. de Vris, Sebastien Bourdon, mais d'autres ont gravé apres luy, comme Giles Rousselet, & Jean Couvaj. En tout 420 pieces.

CXXXI. & CXXXII. ABRAHAM BOSSE

De la Ville de Tours, l'un des meilleurs & des plus excellens Graveurs en eau forte qui ait iamais esté, a fait plusieurs pieces de son invention avec quelques autres qu'il a gravées, apres S. Igny, C. Vignon, Laurent la Hire, Paul Farinate, Jacques Bel-Ange, Alexandre Francine Florentin Architecte, J. Barbet Architecte: Mais cela n'est pas considerable en comparaison de tout le reste que nous avons recueilly de luy en 2 volumes, pour 790 pieces.

CXXXIII. FRANÇOIS CHAUVEAU

De Paris l'un des plus ingenieux Dessinateurs & Graveurs en eau forte qui soit de nostre temps, & qui s'est rendu recommendable par un fort grand nombre d'ouvrages qu'il a faits pour des Histoires & pour des commencements de Livres, n'a presque rien fait que de son invention. Il a pourtant gravé quelques pieces apres Laurent la Hire, & apres les dessins de Charles le Brun, Jules Romain, Fr. Romanelle: mais d'autres ont gravé force pieces apres luy, tels que Giles Rousselet, Pierre Gobilles, C. Lauvers, Larmessin, Jean Boulanger, Jean Couvaj, B. Kilian, Nicolas Regnesson, Robert Nanteüil, Charles Audran, Estienne la Belle, Gabriel le Brun, Nicolas Pitau. Son œuvre est distribuée en 2 Tomes. En tout 600 pieces.

CXXXIV. KARLES AUDRAN.

C'est ainsi que ce bon Graveur escrit son nom à la diference de Charles Audran son Frere ou son Cousin Germain, qui demeure à Lion, & qui n'est pas certainement si excellent Ouvrier que luy. Celuy-cy a fait plusieurs pieces de son invention, & a travaillé apres Annibal Carrache, le Guide, Jacques Stella, le Titien, le Dominicain, François Albane, Perrin del Vague, le Valesio, Ch. Errard, Eustache le Sueur, Fr. Chauveau, Charles Mellin de Loraine, André Cretey, Simon Voüet, Pierre de Cortonne, Antoine Pomerange, Jacques Sandrart, Jean Bap. Ruggirius, Spiritus Camberiensis, Andrea Sacchi, Claude Vignon, Cyrus Ferrus. Il y a un Claude Audran qui a fait le Portrait de Gallilei. L'œuvre d'Audran est de 130 pieces.

GUILLAUME DU CHASTEAU,

De la Ville d'Orleans fort bon graveur, à travaillé apres Nicolas Poussin, Pierre de Cortone, Guill. Courtois, Charles Marattus, Cyrus Ferrus, & quelques autres. Il n'y a icy de luy que 12 pieces.

GUILLAUME VALLET,

De Paris a le burin fort beau, & grave poliment, il a travaillé en Italie & ailleurs apres le Guerchin, le Guide, Carlo Cæsio & Raphael, Antoine Paillet, Thomas Manessier, Jean Marie Morandi, Carolus Marattus.

François Spierre de Loraine apres P. F. Mola, & apres J. M. Morandi.

Estienne Picard qui grave aussi poliment apres Fabritius Clarus.

Abrahamus Heckius, Dessinateur & Graveur, Mich. Natalis apres Mattheo Pagani.

Castel, apres M. L. I.

Frederic Greuteur apres André Carrache, Ce Livre contient en tout 177 pieces.

CXXXV. LES FERDINANDS.

Ferdinand Elle, qui estoit le fameux Peintre Ferdinand de la Ville de Malines en Flandres, & Loüys & Pierre Ferdinand ses fils, ont fait plusieurs Portraits, lesquels ont esté gravez par Jean l'Enfant, Grignon, J. Frosne, Michel Van Loch, C. David.

LOÜYS FERDINAND

A gravé aussi des Portraits apres Ant. Vandick, & a fait celuy de Nicolas Poussin, nous avons aussi de luy deux Livres de Portraiture à l'eau forte, quelque chose apres le Bologne, & apres L. Tettelin.

LOÜYS & HENRY TETTELIN,

Ont aussi dessiné des pieces que le mesme Loüys Ferdinand à gravées apres Van Obstal qui estoit un bon Sculpteur, Louys Tettelin a fait aussi quelques pieces de sa main, & Michel Mosin, Gilles Rousselet, Louys Ferdinand ont gravé apres luy.

Corneille Holstein a fait plusieurs jeux d'Enfans gravez par Michel Mosin.

G. Van Eickhoudt, a fait aussi des jeux d'Enfans gravez par M. Mosin.

J. A. Backer Dessinateur, a fait des pieces gravées par M. Mosin.

MICHEL MOSIN.

Outre les pieces des Maistres que je viens de nommer, en a fait encore d'autres apres Jean Benedic Castillon, Charles Errard, & Pierre Van Avont.

NICOLAS DE LORMESSIN,

De Paris à fait quelques pieces apres Beaubrun, Stresor, Cheron, & autres qu'il ne nomme point.

GABRIEL LE BRUN,

De Paris a gravé des pieces apres Charles le Brun son Frere, Gabriel Perier, Nocret, Louys Beaubrun, Louys Tettelin, Ferdinand, Augustin Carrache apres Tintoret, & quelques autres de son invention. Il y a dans ce volume 229 pieces.

CXXXVI. Plusieurs Maistres François.

EDME MOREAU.

Il estoit de Rheims, & nous avons de luy des pieces qu'il a gravées de son invention, & apres S. Igny, & apres d'autres Maistres dont il n'a pas marqué le nom.

MELCHIOR TAVERNIER,

De Paris a gravé aussi quelques Portraits & autres pieces de son invention.

CLAUDE GOYRAND

Gravoit poliment & a fait quelques pieces apres Augustin Quesnel, Mattheus Zoccolinus Cesenatensis Clerc Regulier, Philippus Gagliardus, Henry Mauperché,

NICOLAS LOYR,

Peintre considerable à Paris a fait des pieces qui ont esté gravées en taille douce par J. Boulanger, Giles Rousselet, René Lochon, & luy-mesme en a fait en eau forte apres sa propre Peinture.

MICHEL CORNEILLE.

Ce Peintre François a exprimé pareillement quelques-uns de ses dessins à l'eau forte, & Nicolas Poilly, Michel Dorigny, & François Poilly en ont fait apres luy.

ANTOINE CARON,

Peintre François de la Ville de Beauuais, a fait des pieces & quelques Portraits qui ont esté gravez par Thomas de Leu. Il y en a aussi de Peintres, N. Lastman & Antoine Mirou, dont nous avons des Païsages gravez par Matthieu Merian.

JEAN COUVAI.

Celuy-cy de Paris a fait beaucoup de pieces de son invention, & apres Nicolas Poussin, Raphaël d'Urbin, Jacques Stella, Aubin Voüet, Jacques Blanchar, Annibal Carrache, François Perier, François Chauveau, Charles le

Brun, Eustache le Sueur, L'homme, Claude Vignon, Simon Voüet, le Guide, le Guerchin, C. de la Fosse, Nicolas Loir, Phil. Lourdet, Jean le Blond, M. Fredeau Van Mol, Laurent Couvai, Gregoire Huret, Abraham Bloëmar, Leonard le Vinci, Simon François. Il y a de luy 170 pieces.

JACQUES & THEODORE VAN MERLEN.

Ils ont fait quelque chose apres M. de Vos, & Pelerin.

Antoine Garnier 13 pieces apres Jacques Blanchar & autres. En tout 281 pieces.

CXXXVII. CHARLES & HIEROSME DAVID,

De Paris freres, l'un & l'autre Graveurs en taille douce; le premier a fait plusieurs pieces de son invention, & apres Jacques Blanchar, J. le Blond, Ph. Champagne, Simon Voüet, Van Moll, Pierre Candide, N. Provost, Gr. Huret le Padoüan, Abraham Bloëmar, H. Goltzius, G. Van Honthorst, Claude Vignon, Theodore Baburen, Raphaël d'Urbin, Francflore, Ant. Tempeste, J. Breugle, Matth. Bril & Paul Bril. Fr. Villamene, Ferdinand.

HIEROSME DAVID

En a fait aussi plusieurs de son invention, & encore apres P. Damin, Noël Quillerier, Fr. Chauveau, Artemisia Gentileschi Romaine Peintresse pour son Portrait, Albert Durer, Cl. Vignon, J. Royer, Georges de Castelfranco, Marin de la Vallée Parisien Architecte, Camillo Porcacin, P. du Dat, P. Melin, Louys de S. Malo, Artilier & ingenieur des feux d'artifices, & Nicolas de la Fage, André d'Ancosne, le Guerchin, Ch. le Brun, C. Rainaldo. En tout 225 pieces.

CXXXVIII. SEBASTIEN VOUILLEMONT,

De Bar-sur-Aube, apprenty de Daniel Rabel a fait quelque chose de son invention, mais beaucoup davantage apres les dessins de son Maistre, & il a fait encore des pieces apres Raphaël d'Urbin, le Guide, François Parmesan, Gregoire Thomassin, François Albane, Paulus Gisniandus Peruginus, P. Peregin, Jacques Bassan, Domenico Fiazella, Gregoire Grasso, Guidus Ubaldus Abbatinus, Nicolas Poussin, Daniel du Moustier, G. Pantau, Jo. Maria Columbus Vibevetus, Domenico Zamper Romanus, Raphaël, Vanius. En tout 126 pieces.

CXXXIX.

## CXXXIX. Divers Maistres de France.

### ISAYE FOURNIER,

Qui s'appelle souvent *de Fornaseriis*, Peintre du Roy Henry IV. dont il fit le Portrait parmy des Trophées, a mis au jour quelques pieces qu'il grava de sa main, parmi d'autres qui le furent aussi par Thomas de Leu.

Elie Dubois fit le Portrait de Mr de Suilli, en 1614.

Jacques Granthome. Nous avons des Portraits de luy des années 1580 1594 & 1601.

François Quesnel, un Portrait de luy de l'année 1610 par J. Fournier.

Michel Faulte.

J. de Courbes.

Bachelier.

Roger de Bourges.

Giulli Horbeck en 1584.

Alexandre Vallée pour Abraham Faber en 1610.

Michel Pelais.

A. Jacquart.

Michée Lourdel.

Robert le Roy Graveur.

Matthieu Merian.

Herbin Pict. Denizot Graveur.

N. Vienot, apres S. Vovet.

François Dellarame 1615.

J. Frone, apres M. Moncornet.

J. Dieu Peintre.

J. Valdor Peintre.

Bouri, par J. Frosne.

Van mol par Couvai.

L. Coguin, apres L. Bonnemere.

François de la Roussiere.

Frere. P. Jean François Cordelier, par J. Boulanger.

Frere P. Georges P. Cordelier, par N. Poilly.

Loüys Hans par Gilles Rousselet.

Lens Peintre, N. Poilly.

Jean Patiqui apres Jean Noeret, François Poilly, H. Gascar, Annibal Carrache.

Le Bon Peintre, Jean Lamiel. Velut. N. Bellot, Guignard Blondeau, Gilbert Seve, Gribelin, Stresor, Bercher, C. le Fevre. Pelerin. Le Blond. Alfonse Fraxinet. N. Perey Lullie.

P. Lombard apres Gr. Huret, Annibal Carrache, le guide.

Loüis Spirinx. P. & J. Richer.

Michel Van Lochon, apres P. de Mol, C. Berchet.

Matthieu, & Jeanne Matthieu.

J. Briot, & Marie Briot, apres Raphaël.

Pettus Van Liern. Pierre Scaberge. J. Alix.

Z. Heincs, François Bignon, Van Mol & Pierre Firens, apres Crisp. de Passe. Tout ce livre contient 250.

CXL. DIVERS MAISTRES DE FRANCE.

J. Rabasse. J. de l'Astre. J. Poinsart. G. du Vivier. Antoine Van Hurel. Anne Moncornet. Des Perches. J. Crespin. Mene. Jean Mabeuse. J. Grosier. G. Ladame. Deshayes.

Gasparis de Crayer Peintre.

F. de la Mare, en 1650.

Loüys de Bolongne Peintre, pour quelques pieces de luy en eau forte.

Z. Bologna Peintre d'Italie, en 1574.

Antoine Nicolas à Dijon.

Claude Dervet. Boulenois.

Remy VVibert, il a fait quelques pieces apres Raphaël, & d'autres de son invention.

Claude Isaac apres J. Rodolphe 1.

J. l'Enfant apres Frere Luc. 1.

Eli du Bois, & Charles Melin de Loraine. 1.

K. A. 4. Catreux Peintre. N. de Son. De Bray. B. Kilian.

Egbert Van Panderen, apres Abraham Janssens, & Corneille de Vos Peintre.

Jean Sauvé a fait 4 pieces apres Annibal Carrache, & une apres le guide.

N. Bonnat a fait quelques pieces de son invention.

Robert Boissard.

Nicolas Auroux de Lion, apres J. Madin.

P. Peret apres J. VVthouck, & H Speckat en 1582. 6 pieces, en tout dans ce Volume 140 pieces fort peu considerables,

CXLI. PIERRE BREBIETTE,

Peintre du Roy, Dessinateur & Graveur à l'eau forte, estoit de Mante sur Seine, & avoit beaucoup d'invention, il a neantmoins gravé quelques pieces apres Paul Veronese,

François Quesnel, Georges l'Aleman, André Delsarte, Cl. Vignon.

Et apres luy ont gravé Corneille Bloëmar, Charles David, Theod. Mathan, J. Picart, Hierosme David. Il y a 241 pieces.

NICOLAS COCHIN,

Peintre, Dessinateur, & Graveur à l'eau forte, de la Ville de Troye en Champagne, a fait plusieurs pieces de son invention, & quelques unes apres les dessins de Fr. Chauveau, d'Albert Durer, de Rimbrant, de Jacques Calot, de Henry Peyne, & de Pierre de Cussi. J. Blanchin pour l'ecriture. Il y a icy de ce Maistre 506 pieces. En tout dans ce Volume 747 pieces.

CXLII. JEAN FROSNE.

Ce Graveur a fait quelques pieces de son invention, & en a gravé le plus grand nombre apres P. Vary, Boury, M. Moncornet, François du Chesne, F[illegible]dinand, le Bon, G. Seve, Hans, & autres qu'il ne nomme point, & ce sont presque tous Portraits. Il y en a icy 43. pieces.

PIERRE LANDRY.

Celuy-cy en a gravé plusieurs de son invention, & apres Claudine Stella, S. Gribelin, Ph. Champagne, Jean Lamiel, Claude le Febvre. Il y a 52 pieces, & dans tout le Volume 95 pieces.

CXLIII. DIVERS MAISTRES DE FRANCE.

JEAN & JACQUES PICARD.

Ont gravé force choses qui ne sont pas les plus heureuses du monde, non plus que beaucoup d'autres contenuës dans ce Volume au nombre de 73 à cause des Portraits, quelques mauvais qu'ils soient.

JEAN PICQUET.

Il y a 13 pieces de celuy-cy.

Paul Roussel, pour 44 méchants Portraits.

Jollain, pour 27 Portraits apres C. Barry, G. Balduin, de Nisse H. Tettelin, Salé, Francisco Naralio à Madrit.

Il y en a aussi de Tournier en tout 168 pieces.

XLIV. DIVERS MAISTRES DE FRANCE.

JASPAR ISAC.

Ce que celuy-cy a laissé de meilleur apres luy est son fils Claude Isac, qui est de la profession de son pere; mais qui s'en acquite plus heureusement qu'il ne faisoit, je n'ay pas laissé de recueillir de son œuvre 37 pieces qu'il a faites de son invention, & apres d'autres Maistres qu'il ne nomme point.

JACQUES HUMBELOT.

Celuy-cy a voulu faire quelques Portraits & autres pieces apres Mignar, Laurent la Hire, Champagne du Chesne, Frere P. Georges Perrotheau Cordelier, S. Gribelin, & beaucoup d'autres qu'il ne nomme point.

Il y a une piece de Didier Humbelot.

JEAN GANIERE. Il y en a 27

De ce Maistre dans ce Volume, lesquelles il a copiées. Toutes les pieces de ce Vol. 122.

CXLV. DIVERS MAISTRES DE FRANCE.

FRANÇOIS LANGOT,

De Melun a copie de Jacques Jordaens, de Corn. Bloëmar, de Gr. Huret, de Rubens, de Melan, & autres. Il y en a icy 16 pieces.

RENE LOCHON

En a gravé 51 apres Chauveau, le Guide, Seve, N. Bellot, Nic. Loir, Blondeau, Champagne, Berchet, Juste, N. Mignar, Vaillant, il en a copié quelques autres, & en a dessiné beaucoup.

CAMPION pour 7 pieces de sa façon.

J. GRIGNON.

Il y en a 13 de celuy-cy apres F. Chauveau, J. Donkervvoldo.

2 apres Annibal Carrache.

1 Apres Nic. le Poussin.

FR. COLLIGNON.

Il y en a 49 de celuy-cy apres Estienne Labelle, le Chevalier Rainaldo, Paulus Naldinus, Romanus, du Valesio, & d'autres de son invention.

C. CHAMPIGNON.

Il y en a 17 de celuy-cy apres le Guide, la Hire Blanchar, & d'autres de son dessin.

FRANÇOIS BIGNON

A fait les Portraits des Plenipotentiaires de Munster, au nombre de 33.

P. HOLSTEIN.

A fait aussi les mesmes Portraits au nombre de 26.

HENRY HONDIUS.

Y a fait pareillement ceux de la paix de Vervin en 1608.

au nombre de 37. Tout cela ensemble 259 pieces.

CXLVI. JEAN MAROT,

Architecte, Dessinateur & Graveur en taille douce, a fait une œuvre considerable de pieces d'Architecture, tant de ses dessins, que des dessins de Mr le Mercier, de François Mansar, de Metezeau, de Mr le Vau, le Sr de la Vallée Architecte & Intendant des Bastiments de la Reyne de Suede, de l'Abbé de S. Martin, Mr Gamard, le P. Deyant Jesuite, le Pautre, Goran Graveur d'Architecture, J. Bruant.

Un dessin du Brammaute.

FRANÇOIS MANSART.

Deux pieces d'Architecture.

P. COTTAERT

Architecte, le Mercier, la Brosse.

ANTOINE PIERRETS

Architecte, le Mercier, Cottart.

PIERRE COLLOT. Architecte.

En 1633. En tout 393 figures.

CXLVII. & CXLVIII.

LES PORTRAITS DE BALTAZAR MONCORNET.

En deux volumes, 1391. pieces.

CXLIX. IMAGES DE VIERGES

De divers Maistres triées entre les doubles tant des pieces d'Italie que de France & d'Allemagne, en tout 295 pieces.

CL. IMAGES DE SAINTS

De divers Maistres de France, d'Italie & d'Allemagne, en tout 571 pieces.

CLI. IMAGES DE VIERGES,

Et de Saints de divers Maistres, où il y en a quelques unes de singulieres, en tout 106 pieces.

CLII. BACCHANALES ET PIECES

Diverses de ce genre là de divers Maistres, au nombre de 285.

CLIII. SAINTS DU MARTYROLOGE.

De Jacques Calot, & autres.

CLIV. PIECES DE LA BIBLE,

De Matthieu Merian, de Pierre Vander Burgius, & de Nicolas Jean Piscator en 1639. de Vredeman de Uries, de Theodore Galle, de Robert Peacke Anglois, de Raphaël de Mey, Hierosme VVirix, P. Mander, Cl. Vignon, En tout 488 pieces.

CLV. APOSTRES DE DIVERS MAISTRES,

De Domenico Falcini, avec leur vie tout au tour, d'Adrian Collart, apres Martin de Vos, de Christophoro Blanco, de Jaspar Isac en copie, de J. Frosne, de Fr. l'Anglois dit Ciartres, de Jean Ditmer, apres Martin de Vos, d'un autre sans nom, de Pierre Iselburg apres P. Paul Rubens, de Lucas Ciamberlanus apres Raphaël, de Jacques Stella en clair obscur de Cl. Vignon, d'Ant. VVirix apres Martin de Vos, de P. Mandere apres P. de Vos, d'Adrian Collart, de Fr. Vanius, de Ch. le Brun, & autres. En tout 265 pieces.

CLVI. LES PORTRAITS

Des homes illustres François qui sont dans la gallerie du Palais Cardinal de Richelieu, dessignez & gravez par les sieur Heins & Bignon Peintres & Graveurs ordinaires du Roy, ouvrage conduit & composé par Marc de Vulson sieur de la Colombiere en 1650. Il y a 28 Portraits.

CLVII. LIVRE DE PORTRAITS

Des Princes de la Maison d'Austriche, peints par François Terzo de Bergame, & gravez par Gaspar ab Avibus Citadelensis, à Venise. Il y a 66 pieces.

CLVIII. MILICE ET COMBATS

De divers Maistres, de Jacques de Gein, de Jean de S. Mesmin, Escuyer S^r du Mesnil chez Melchior Tavernier, touchant les maladies & la guarison des chevaux.

Bonaventura Pistofilo Nobile Ferrarese Dottor di leggi in Bologna per il ferrone en 1627.

Theodoro Philippo di liagno Napolitano.

Le maniement d'armes de Nassau, selon les ordres du Prince Maurice, par Adam Van Breen, à la Haye, en 1618 en 48 pieces.

Autre livre sur le mesme sujet, gravé & dessigné par Jacques de Ghein 68, Simon Saveri 10 pieces de soldatesque.

Abraham Bosse a fait 9 pieces des vestements & postures des Gardes Françoises.

Quatre livres d'Escrime, par Hercole Gori in Siena, & Jacques Mathan, & autres, en 150 pieces. En tout 533 pieces.

CLIX. PIECES MARITIMES.

Un livre de 12 pieces intitulé, *Icones variarum Navium Hollandicarum à Ioanne Percelles notata anno* 1617. à Amstredam chez Nicolas Jean Visscher, & autres pieces de Michel Szon Peintre, & Pierre Vander Doort Graveur, H. Houdius VV. Van Velde, Ph. Thomassin, R D. Boudous, le Breugle en 1565, Corneille de VVaël en 1547, Catarin Doino, B F Berckens, Spirinx, suivant la pensée de Claude Bartholeme, Morisot de Dijon en 1643. S. Sauri, Jean Bapt. de Cavalleriis, Jean Rem, à Amstredam, chez Guill. Jansson, Cornelij Danckers, Jean Boisseau, Giacomo Franco in frecaria, Henry VVoon, & Nicolas Jean Visscher, Mattheo Perez d'Aleccio Dessinateur, & Antonio Francesco Lucini Fiorentino Graveur en 1631. En tout 120 pieces.

CLX. & CLXI. DEUX LIVRES

De Courtisanes & de pieces Emblematiques sous des figures de femmes, de divers Maistres. En tout 354 pieces.

CLXII. UN RECUEIL DE MADONES,

Ou d'Images miraculeuses de la Vierge de divers Maistres de France, d'Espagne, d'Italie, & des Pays-Bas. En tout 344 pieces curieuses.

CLXIII. IMAGES DES MOINES,

Et des Religieux de l'ordre de S. Benoist de divers Maistres de France, d'Italie, d'Allemagne, & des Païs-Bas. En tout 543 pieces.

CLXIV. LES AUGUSTINS, PREMONTREZ, MATURINS, JESUITES, CLERCS REGULIERS, ET L'ORATOIRE,

De divers Maistres, 597 pieces.

CLXV. LES PERES DOMINICAINS, CARMES ET MINIMES

De divers Maistres, 488 pieces.

CLXVI. L'ORDRE DE SAINT FRANÇOIS,

De divers Maistres, 430 pieces.

CLXVII. CLXVIII. & CLXIX. EMBLEMES, DEVISES ET FIGURES ENIGMATIQUES ET PROPHETIQUES

De divers Maistres distribuées en trois Tomes, de Jacques Calot, da Lovico Dolce, par Francesco Zilen, à Venise en 1583. Un livre intitulé, *Fabula centum ex antiquis autoribus delecta, & à Gabriele Faerno Cremonensi carminibus expli-*

*cata. Romæ Vincentius Luchinus excudebat* Autre livre d'Emblesmes, intitulé, *Microcosmos, parvulus mundus*, imprimé à Anvers chez Gerard Jodo en 1584. Un autre livre intitulé, *De rerum usu & abusu*, de 25 pieces. Un autre livre intitulé, *Theatrum virtutum D. Stanislai Hosij Card. & Ep. Varmiensis per Thomam Trethreum Polonum Regium, & ejusdem Card. Secretarium. Romæ*, *an.* 1588. de 49 pieces. Un petit livre d'Emblesmes en Anglois, par Jeremie Droxelius, de 12 pieces. Autre livre intitulé, *Imagines Matis*, avec des Epigrammes Latines, à Lyon en 1545.

Autre livre intitulé, *Iani Iacobi Boissardi Vesuntini Emblematum liber*, imprimé à Mets chez Abraham Faber, en 1588. de 86 pieces.

Autre livre d'emblesmes enrichies de vers latins, & qui commence *una Via*, est de 45 figures.

Autre petit livre de 84 devises en Latin avec des figures. Diverses pieces Emblematiques de Virg. Solis, de Maistre Estienne de Losne, de VVenceslas Hollar, & autres qui ne marquent point leur nom, contenus dans le 1 Volume de 1050 figures, & autres. En tout 2126 pieces.

CLXX. COMEDIES, MASCARADES ET BALETS

De divers Maistres, Lodovico Sciupini de Mantoue 1649. Orazio Sccarabelli Fiorentino, Epifanio d'Alfiano Monacho Valombrosano 1592. Anibal Carrache, Vitale Mascardi, Remigio Canta Gallina, Giulio Parigi Inventeur 1608. Alfonsus Parigius, 1628. Stephanus de la Bella, Jacques Calot, Giovenale Boetto di Fossano, apres les dessins de l'Abbé Scoto, Daniel Rabel, Maistre Roux, Aug. Carrache, Lucas Ciamberlanus Urbinas J. V. Doctor, apres Nicol. Terniolo Pict. Horatio Turiani Architetto, Hier. Cock, Florent Despesches, Maria Strick pour l'ecriture, Fr. Janet, Jer. Falck, Guill. de Geijn, Gilles Rousselet apres Gr. Huret, J. Couvai, Israël Silvestre apres Jacques Torelli, F. Froncar, Pierre de Jode apres Louys Pozzorat Flamen, Paolo Gratiani, Lucas Cranes, Andrea Salmintio, apres Andrea Sghizzi 1632. Nic. Van Aelst de Bruxelles, le Sr de Lespinasse Parisien Ingenieur, Matthia Bolognini, Claude le Lorrain, Matthieu Merian de Basle, Gio Batt Galestruzzi Fiorentino, apres Gio Francesco Grimaldi Bolognese, Ab. Bosse. Il y a 404 pieces.

CLXXI. PAÏSAGES

De divers Maistres, de Titien, Ercole Bazacalune di Pisa, Christofano Cesare Antoni, D. Van Boens, Gioto Lupresli palermitano Romæ, Cornelius Nicolaus à VVierengen, & Nicolaus Joannes Piscator à Amstredam 1613, Matt. Merian à Basle, Paul Bril, Henry Hondius apres Giles de Saen, Hans Bol, J. Van Velde, G Nieulant, Jean Van Velde le jeune, & Nicolas Jean Vischer 1615. Simon Frisius, Egbert Van Panderen, apres Tobie Verhaecht, Hessel G. Henri de Stom 1622. Isaac Major, Poelemborcht, Nicolas de Son, Fouceel Peintre, Ant. Mirou Peintre, Michel Corneille, Hier. Cock, J. Valdor, apres Herman, Petrus Vander Borht, Vischer apres Josse de Mauper, Theod. Galle, Gasparo Duché, Stephano la Bella. Il y a 425 pieces.

CLXXII. JARDINAGES ET FONTAINES

De divers Maistres, de Jacques Boisseau Sr de la Barauderie par Michel Van Lochon, Joannes Guera Pictor, Corn. Cort apres Franc Flore, François Primaticio Abbé de S. Martin, Daniel Rabel, Isaac de Caus, Jean Vredman de Frise 1615. Jacques Mathan apres Sebastien Vranck, Jaspar Isac, Jacques, Noël, Claude & André Mollet, pour les parterres en broderie, Franciscus Corduba Romæ, Math. Greuter, Nicolas Van Aelst Bruxellensis à Rome, Salomon de Caus Architecte à Francfort en 1620. Mario Kartaro in Roma 1575. Michel l'Asne apres Alexandre Francine, Jacques Calot, Juste Sadeler, C. Van Mander, Hans Fridman Vries, Theodore Galle, Adrian de Vries de la Haye Architecte & Sculpteur, Jean d'Ach Peintre de l'Emp. Lucas Kilian apres François Aspruck de Bruxelles 1598. P. Perret, G. Baussonnet Dessinateur, Edme Moreau, J. Stradan, Cl. Goyrand, François Corduba, Francesco Fanelli Fiorentino Scultore du Roy de la Grand'Bretagne, Domenico Parasacchi in Roma 1637, Giovanni Maggi Romano Pittore & Architecto in Roma 1618, J. de Francine, Abraham Bosse, Jacques Androvet du Cerceau, L. Gautier, Aug. Carrache, Crispin de Passe, Joannes Bologna Statuaire, Thomas Lauretus Panormitanus Architecte en 1570. Maupcrché pour Liancour. Il y a 412 pieces.

CLXXIII. LIVRE DE VASES,

De divers Maistres. Horatius Scoppa Neapolitanus,

1612. Jean Valdor, Marc Antoine, Cherubin Albert apres Polidore, Maistre Roux Florentin, J. Hopfer, Jacques Androvet du Cerseau, Estienne la Belle, Hierosme Cock apres Corneille Flore, Æneas Vicus en 1543. J. Damerij, Phil. Galle apres Vriese, B. Z. c'est Bernard Zon en 1581. J. Marot, J. Holbeins, VV. Hollar, Henry Vauder Borcht apres Jules Romain, Visscher, P. Biard, Broër Jansen Hage, Claes Janssen Vischer 1635. H. Hondius, J. Royer, J. Calmestraat, Luge, Pierre Cottart, D. Hopfer, Virgilius Solis, P. Perret 1581. Il y a 442 pieces.

CLXXIV. CLXXV. & CLXXVI. Trois Volumes De fleurs de divers Maistres.

Un livre intitulé *Theatrum florale*, à Paris chez P. Firens en 1633. contenant 71 pieces.

Un autre livre de fleurs de 40 pieces.

Un autre livre de fleurs de 16 pieces.

Un autre livre de fleurs de 10 pieces gr. par l'Anglois.

4 pieces du livre intulé, *Ædes Barberina.*

7 pots de fleurs chez J. le Clerc 1615.

Un petit livre de fleurs de 24 pieces, de Pierre Valletius en 1601

Autre petit livre de 12 pieces.

Un livre de fleurs d'Italie de 16 pieces.

Un livre de fleurs de 95 pieces, intitulé, Le Jardin du Roy Louys XIII. par Pierre Vallet, Brodeur ordinaire du Roy en 1623, avec les Portraits de Piere Vallet, & de Jean Robin grand Floriste.

Autre livre de 6 pieces.

Autre livre de 16 pieces par J. H. 1653.

Autre petit livre de fleurs de 12 pieces par Nicolas Guillaume de la Fleur Lorrain, fait à Rome en 1639.

Un livre de fleurs de 144 pieces intitulé, *Florilegium renovatum & auctum. Mattheus Merian ad vivum delineavit & sculpsit* à Francfort en 1643.

Autre livre de fleurs de 52 pieces, *Studio Georgij Ofnagelij*, à Francfort, Jacques son fils aagé de 17 ans l'a gravé en 1592 à Francfort.

Autre livre de parterres de 22 pieces intitulé, *Le fidele Iardinier*, par M^re Pierre Betin Jardinier, chez Jean Boisseau.

*Donato Supriano, Roma.* Un livre de fleurs de 13 pieces par Nicolas Quillaume de la Fleur Lorrain en 1638.

Autre livre de fleurs de 16 pieces, intitulé, *Viridarium novum varijs animalculis, floribus & herbis adornatum*, Paulus Furst 1618. à Nuremberg.

Autre livre de 16 pieces sans nom de Maistre.

Autre livre de fleurs de 26 pieces gravé à Rome par Nicolas Robert François, en 1640.

Autre livre de fleurs par l'Anglois Maistre Enlumineur, la 1 page de Leonard Gautier, en 1620 ce livre de 19 pieces.

Autre livre de 17 pieces.

Pieces de Geducht d'Amstredam, Jacques Kempener, & autres. En tous les 3 Volumes 740 pieces.

## CLXXVII. LA TOPOGRAPHIE

Du païs de Hesse, & des lieux voisins, en 124 pieces, du dessin & de la gravure de Matthieu Merian.

Une carte & une description de la Ville de Verone, faite par Frambottus, apres Jean Carotus Peintre de Verone, & Architecte, dont se voit le Portrait, François Huret, Gio Georgi. Il y a 30 pieces.

La description des jardins & de la Maison Aldobrandrine à Tusculi, & autres pieces de Dominique Barriere de Marseille jusques au nombre de 48.

Description des Regions Septentrionales de Suede & de la Moscovie par Antoine Gaut de la Haye en 1639. Il y a 24 pieces, en tout 226 pieces.

## CLXXVIII. ISRAEL SYLVESTRE.

L'œuvre de ce Maistre consiste en trois Volumes, & celuy-cy contient 355 pieces, qu'il a dessinées & gravées à l'eau forte. Voyez les cottes CCCCXXVIII. & CCCCXXIX.

## CLXXIX GABRIEL PERELLE.

L'œuvre de ce Maistre, & de ses enfants Nicolas &... Perelle est aussi distribuée en trois Volumes. Celuy-cy contient 270 pieces qu'il a gravées de son invention, & apres les dessins de Polembourg, de Mich. Corneille, Paul Bril, Louys Asselin, J. Fouquiere, Patel, & Collignon. Voyez les cottes 417. & 418. lesquelles sont du mesme.

## CLXXX UN LIVRE DE CARTES

De la Palestine & de la Terre sainte, du Mont de Sinai, de Jerusalem, du Temple de Salomon, de Constantinople, de Tempé, de Daphné, de Rome Antique, de Naples, &

autres Villes, de Jean Bapt. Fontane en 1569. du Sr du Perac, d'Abraham Ortelius, d'Antonius Campus, de Pierre Miette, de Sebastianus à Regibus Clodiensis apres Pierre Alexandre, de Paolo Gratiani, de Rombout, d'Ambroise Braen, d'Achile Soli, de P. Daret, d'E. Moreau, de Theod. Mathan, de Juan Geolkerkch, de Guill. Hondius, de Baptiste de Doetechun, apres Guill. Bernard, & d'autres qui se sont debitées à Rome, à Anvers, à Amstredam & à Paris. Il y a 44 pieces.

CLXXXI. CARTES DE VILLES,

De divers Maistres, Alexander Baratus, J. Blanchin, Branco, chez Baptiste Rossi à Rome, Marco Sadeler, & d'autres qui ne sont point nommez. Il y a 221 pieces.

CLXXXII. CARTES DE VILLES,

Et de païs de divers Maistres, de Cornelio Danckers à Amstredam, de Nicolas Sanson, d'Henry Hondius, Everard Symon, Hamersvelt, du Val, Jean Sanson, Jean Boisseau, Melchior Tavernier, Gaspard Baudouyn, Guill. Blaeuvv, Everard Cloppenburgius à Amstredam, Nicolas Jean Visscher, Isaac Massa, Claes Jansen Vischer 1530 Abraham Groos, Guill. Hondius apres Guill. le Vasseur, J. Poinsart. Il y a en tout 55 pieces.

CLXXXIII. LES CARTES

De Gerard Mercator Cosmoraphe du Duc de Cleves & de Juliers. Il y a 53 pieces.

CLXXXIV. CARTES DE

Nicolas Sanson de l'Empire Romain, & des Isles Britanniques, de la France, de l'Espagne, de l'Italie & de l'Alemagne, par Provinces & par Gouvernements, avec l'ancien Itineraire, à Paris chez Pierre Mariette en 1643.

CLXXXV. LA COLOMNE TRAIANE.

C'est un livre intitulé, *Historia utriusque belli Dacia à Trajano Cæsara gesti ex simulachris qua in Columna ejusdem Roma visuntur collecta, Auctore Fratre Alfonso Ciacono Hispano Theologo instituti Pradicatorum, & Romani Pontificis Pœnitentiario. Roma ex Tipographia Iacobi Mascardi*, 1616.

Il y a dans ce livre, avec l'addition, 166 pieces.

CLXXXVI. PORTRAITS

De Papes & autres Princes d'Italie, & d'ailleurs, de divers Maistres, par Philippe Thomassin, là sont aussi les Roys de Pologne, les Ducs de Savoye, les Ducs de Mantoüe, de Venise, les Roys d'Austrasie, & les Ducs de Lorraine, *per Nicolaum Trelaum Mozellanum*, à Cologne en 1591. Les Princes de Nassau, les Grands Maistres de Malte, & encore les Papes dans une grande carte en taille de bois, le tout ensemble faisant plus de 150 pieces.

CLXXXVII. PORTRAITS

Des Roys de France, de divers Maistres, où entr'autres il y a un livre intitulé, *Cronica Breve de i fatti illustri de Re di Francia con le loro effigie dal naturale*, depuis Pharamond jusques à Henry III. par Bernardo Giunti à Venise en 1590. Ce livre est dedié au Seig[r] André Hurault Seig[r] de Maisse, Ambassadeur pour le Roy tres-Chrestien à Venise.

Le livre des Portraits des Roys, des Reynes, & de Dauphins, par Jacques de Bie.

Autres Portraits de Daret, les Comtes de Hollande & de Zelande, par Michel Vosmer en 1578. Les Ducs de Brabant, par Jean Collart, apres Otho Venius.

Les Comtes de Tirol, par Dominique Custos, autres Ducs de Brabant, par Nicolas Jean Visscher à Amstredam, les Comtes de Tolose, par Huguet & M. l'Asne. Tout cela ensemble 368 pieces.

CLXXXVIII. PORTRAITS

Des Roys & Reynes de France avec leurs Eloges, des Ducs de Bourbon tirez de l'Histoire du Sr Bernard, des Hommes Illustres de France, des Chanceliers, des Jurisconsultes, des Poëtes Latins, & d'autres savants. Il y a 104 pieces.

CLXXXIX. PORTRAITS.

Des Roys & des Reynes d'Espagne avec leurs Eloges, les Roys & les Reynes de Portugal, ceux de Naples, d'Angleterre & d'Escosse, & les Comtes de Flandres, les Roys de la Grand'Bretagne, sont faits par Joan Taylor à Londes en 1622. Il n'y a e tout que 50 pieces.

CLXC. DIVERS PORTRAITS

De France dessinez & gravez par Cl. Melan, P. Daret, M. l'Asne, N. Poilly, Juste, le Febvre, Pitau, Rousselet, Nanteüil, l'Enfant, Lochon, Huret, & autres. Il y a en tout 180 pieces.

CXCI. PORTRAITS DE SÇAVANTS

Et de Peintres, de divers Maistres, 325 pieces.

## CXCII. PORTRAITS DIVERS

De Papes, Princes, & personnages illustres. Un livre intitulé, *Vite & effigie di tuti li Romani Pontefici, con le lora armi, à Christo ad Vrbanum VIII. racolte da domenico Tempesta Romano*, en 1624.

Autre livre intitulé, *Illustrissimorum virorum Icones, per Claudium Pernetum*, en 1625.

Autres Portraits de divers Maistres, C. Vischem, M. Mirevelt, de Hondius, de J. Boissard, A. Bolpruert, G. Svvaneburg. Il y a 700 pieces.

## CXCIII. & CXCIV. MASSACRES De divers Maistres

Ziancko Polonois, Joseph Felman, Adolfe Roy de Danzich, Salomon Saverii, Frans Huiis, Francesco Valetto, Bassiano, Theodore de Bry, N. de Visscher, Crispin de Passe, & autres qui ne sont point nommez dans les Estampes. Il y en a 219 pieces.

## CXCV. JEAN LE PAUTRE.

L'œuvre de ce Maistre tres-ingenieux, qui est de Paris, consiste en 3 volumes, dans le premier desquels, qui est celuy-cy, il y a 234 pieces presque toutes de son invention, & quelques-unes apres le Guide, François Bourlier, & François Perrier. Il y a dans ce 1 volume 234 pieces.

## CXCVI. UN LIVRE DE PORTRAITURE,

d'Habits, de Nations, & d'Anatomie, de divers Maistres, & premierement un livre intitulé, *Diversarum gentium armatura Equestris, ubi fere Europæ, Asiæ, atque Africæ equitandi ratio propria expressa est*, à Amstredam, chez Nicolas Jean Vischer, contenant 77 pieces.

Une piece de Corn Cort, apres Jean Stradan.

Un livre intitulé, *Academie de Portraiture*, &c. en 1643 chez Michel Van Lochon, de 25 pieces.

Un livre intitulé, *Diversitez d'habillemens à la mode*, &c. de l'invention de S. Igni, & gravé par Briot de 15 pieces.

Livre de Portraiture de Jacques Palme, imprimé à Venise, chez Marc Sadeler en 1636. de 16 pieces.

Autre livre de mesme de 13 pieces.

Autre livre de Portraiture de Jean Gelée, chez Vischer, de 24 pieces.

Autre livre de Portraiture de Jean Orlande Romain, en 1609. de 47 pieces.

Autre livre de Portraiture de Jean Valesio, per Andrea

Vacario Romano, de 24 pieces.

Autre livre de Portraiture de Francesco Curti en 1633, de 16 pieces.

Autre livre de Staphanoni, ou de Carrache.

Lucas de Urbino, M. Snyders.

Autre livre de Henry Hondius. Autre de Frisius.

Petrus Cool, Jean VVirex 1622. Jacques Calot, Guill. Baur.

Livre de Portraiture de Jean François Barberius, c'est à dire, le Guerchin, Hans Heinrich Glaser pour un livre d'habits de Suisses en 1634. Kiltestiyn, pour habits des Nations en 12 pieces.

Livre de Portraiture gravé par Charles David, pour P. Firens.

Un livre de 40 pieces intitulé, *Varie acconciature di Teste usate da Nobilissime dame in diverse Cittadi d'Italia, por Giovan Guerra.*

Autres livres de Portraiture de S. Igny,

Abraham Bosse, François Collignon.

Livre de Portraiture de L. Ferdinand apres François Bologne. Autre livre de Portraiture de Maistre Jean Cousin, chez Guill. le Bé, en 1642.

Livre d'habits des Notions gravé par Abraham Bruyn en 1577.

G. Van Sceindel apres VV Buytvvech.

Diana Mantua a fait un grand livre d'habits de Nations.

Autre de Ferdinand Bertelli, à Venise en 1563.

Livre d'Anatomie de Jacob Vander Graclt Schilder, 1634.

Estienne Michel Spacher de Tirol, pour son anatomie gravée par Corn Danckers à Amstredam, 1634.

Domenico Florentino, Phil. Galle, Julles Bonasone, Jacques Honnervogt.

Gio Batt. Ferraro.

Gio Batt. de Cavellerijs, pour un livre de Monstres. Il y a en tout 1397 pieces.

### CXCVII. UN LIVRE INTITULLE',

*Faceties*, c'est à dire, de choses bouffonnes & grotesques, est composé de plusieurs pieces de divers Maistres de tous les païs, 1034 pieces.

### CXCVIII. LIVRE D'ANIMAUX

De divers Maistres, Lucas Cranis, Jacques Honnervogt

Antoine Tempeste, Petrus di Laër en 1636. J. Beërighen, Jacomo Marucci, Marc Gerart de Bruges, Mathan, Eneas Vicus, Albert Durer, *S. Savery*, P. Firens, Theodore & Jean Israël de Bry, Estienne de la Belle, Jean Stradan, *I. C Vischer*, *Raphaël d'Vrbin*, l'Anglois, Adrian Collart, Thomas Neale, apres Barlouvé, Albert Flamen, B. *Caimox*. Henry le Roy, François Villamene, Joannes Majus, Jacobus Mercucius, Gio Pietro Olina Novarese, Nicolas Jean Vischer 1634. Nicolas D. Bruyn, Joannes Defris, Jacques de Ghein apres Guill. Telroth, Gabriel VVeyer, Charles Mallery, Henry Hondius, Philippe Galle, Hans Liefrinck, Jacques Callot, Il y a 1084 pieces.

CXCIX. FIGURES DE LA BIBLE.

De divers Maistres, Dominico Falcini, Nicolaus de Hocij, Abraham Bosse, Cornelius Cornelis de Harlen, Nicolas Jean Piscator en 1643. *Vischer*, Martin de Vos, Jean Sadeler, Ant. Tempeste, Crispin, Michel Cock, Martin Hemskerch, Corn. Cort, Nicolas Cochin, P. de Jode, Crispin Van Broëc, P. Firens, Giles Rousselet apres Cl. Vignon, Karle Mandre, Hierosme VVirix, C. Vanden Broëck, J. Blanchin, J. Saenredan, Herman Muller, C. David apres Tempeste, Estienne la Belle, C. Kyckmans, Ant. VVirix, Adrian de Verdt, D. Van Boons, Adrian Collaërt, J. Van Velde, apres VVrembroeck, B. Dolendo, Crispin de Passe apres Jean d'Achen, Raphaël Sadeler, apres J. Bassan, Hans Bol, Ant. VVierinck, Jean Breugle, Paul Bril, Ghedruckt d'Amstredam, Claës J. Visscher, Ambroise Franc, Adam Van Oort, Jules Goltzius, Cp. Guereverdinus, Jacques Palmes, Lucas Kilian, Joseph Heintz, P. Scalberge, J. Belange, J. de Lestain, *Charles Collart*, P. Paul Rubens, & autres. Il y a 628 pieces.

CC. LIVRE DE FORTIFICATIONS.

De sieges, de places, & autres entreprises de guerre de divers Maistres, Jean Van Velde apres M. de Jonge, 1632. Sebastien Vranck, Hans Van Schille Ingenieur & Geographe du Roy, à Anvers, chez Theodore Galle. Jean Scala Mathematicien, à Rome en 1642. *François l'Anglois dit Ceartres*, à Paris, Girolamo Portigiani Florentino, Augustinus Parisinus, & Jo. Bapt. Negro Pontes Bononiæ, le S. B. Ingenieur ordinaire du Roy, à Paris chez Melchior Tavernier en 1639. Matthieu Merian, N. Regnesson, Sebastien

ſtien Vranck, Melchior Tavernier, *C. I. Viſſcher*, 1627. Le Sr de Langres Ingenieur des Armes du Roy, chez M. Van Lochon, Claude Chaſtillon Topographe du Roy en 1600. Henry Grotius, H. Hondius, Nicolas Jean Piſcator, Baptiſta Doëtechomius Sculptor, Florentius Baltaſar Delphenſis, N. Renaut Sedanois Mathematicien, VV. Hollar Renaud, Lambartus Cornelius, Phil. Galle: Buſcher *Adrian Huberti*, Karles Geller 1602. *Gio Dominico de Roſſi*, 1648. Charles Floyd Anglois, Jean Liefrinck 1556. Il y a 343 pieces.

CCI. UN LIVRE INTITULÉ

*Arts Liberaux & Mecaniques*, contenant diverſes Tables, figures de Geometrie, de Matematique, & autres ſciences, de divers Maiſtres, Dom Jean Giſlain de la Ruë Benedictin & Profeſſeur en Philoſophie au College de S. Vaaſt à Doüai, pour le Kalendrier Eccleſiaſtique perpetuel, chez Pierre Ruchelle, à Anvers en 1646. Corn. Cort apres Jean Stradan pour l'Academie de la Portraiture, Chriſtofle de Savigny en Retelois, pour les Tableaux de tous les Arts liberaux en 1619. en taille de bois: Chriſtoforus Heluicus pour ſon ſiſtheme Chronologique, Melchior Tavernier pour le Theatre d'Horlogiographie, par Dom Pierre de Ste Magdelaine Feüillant, en 1641. Conradus Daſypodius & David VVolckenſtein qui deſſinerent l'horloge de Straſburg, laquelle fut peinte par Tobias Stimmer, & le mouvement luy fut donné par Iſaac Habrecht, dont il y a le Portrait, Janus Gringalet Genevenſis, Jacobus ab Heiden, Michaël Florentius Langrenus Mathematicus & Coſmographus Regius touchant l'opinion que le globe de la Lune eſt une terre habitable comme pourroit eſtre la noſtre, en 1645. Girolamo porro inciſor, Joannes Hogembergius Sculptor, Chriſtophorus Blandus Sculptor, Nicolaus Lippius Baſilienſis Auteur de la grande horloge de l'Egliſe de S. Jean de Lyon, Jaſpar Iſac, pour le Kalendrier Eccleſiaſtique perpetuel: David Molfenſtain Mathematicus, & Tobias Stimmer pour une admirable horologe: Andreas Baccius pour une figure Emblematique de toutes les choſes qui ſont au monde: Chriſtofle Suiſſe Tailleur d'hiſtoires à Paris en la ruë S. Jean de Latran: *Denys de Matoniere à Paris*: Gio Maria Tamburini Pictor, Franciſcus Curti Sculptor in Bologna, pour un livre des Arts mecaniques en 20 figures : Theodore Galle , & Jean Colar apres Jean Stradan, pour un livre de l'invention des Arts en 20 pieces; Francesco Stelluti Academico, Lincco da Fabriano en 1637. La Geometria prattica di Gio Pomodoro Venetiano, con lespositione di Gio Scala Matomatico in Roma appressa Gio Angele Ruffinelli en 1624. Isaac de Caus Ingenieur & Architecte natif de Dieppe, pour son livre de l'invention des machines d'eaux, imprimé à Londres en 1644.

Vittorio Zonca Architetto della magnifica Communita di Padoa, pour son livre des machines en 1621. Francisco Bertelli in Padoüa.

Jacques Besson Dauphinois Mathematicien, pour son livre du Theatre des instruments Mathematiques & Mecaniques, avec l'interpretation des figures par François Beroald, à Gennes par Jacques Choüet en 1594.

Pompée Ingenieur, pour son Moulin portatif en 1606.

VVybe Adam Von Harlingen, pour son invention du transport des terres à Danzich, dessinée par Guill. Hondius, & gravée par Steven de Praët.

Un livre de 19 figures, intitulé, *Nobilissimo Antidoto dell Elixir vitæ*.

Hanzellet Lorrain, pour son livre de la Pyrotecnie en 1630.

Jacques Nivelle Chanoine Theologal, & Principal à Troyes, pour son Kalendrier Ecclesiastique. Ce livre est de 588 pieces.

CCII. & CCIII. POMPES FUNEBRES.

Tombeaux & Catafalques, ou Chappelles ardentes, distribuées en deux volumes, contenant plusieurs pieces de divers Maistres. Horatius Torrianus Architectus, Francesco Perucci dans son livre des Pompes funebres, gravé par Abb Banco en 1639. Jean Vredeman dans son livre des Tombeaux, chez Theodore Galle. Henricus Hondius de la Haye, dans sa pompe funebre de l'Emp. Charles V. Jean & Luc de Duetecum.

Corneille Galle, apres Jacques Francquart Architecte du Roy d'Espagne, pour la pompe funebre de l'Archiduc Albert à Bruxelles en 1623.

Franciscus Hogembergius, & Simon Novellane, pour la pompe funebre de Frederic Roy de Dannemarck en 1588.

Henry Goltzius, J. Reyners, J. Herman.

Matthieu Merian, apres Claude de la Ruelle, pour la pompe funebre de Henry II. Duc de Lauraine, Frederic Brontel, Jean la Hierre, *Puget de la Serre chez Pierre Bertrand*: Cl. Melan, Antoine Sallarts, P. de Jode :. Jacques Lamus apres Horatio Torriani. Le Cavalier Fontane en 1591, Estienne la Belle, Antonio Gerardi, Jacq. Callot, H. Hondius, Sebastien Vovillemont, Alexandre Voet apres P. de Baliu, Corn. Galle le jeune apres N. Vanhorst, P. de Jode apres le mesme. Cæsar Bassan apres J. Leon Binalduis de Toulon Architecte, Ambrosius Brambille, Georges Geldorp, Jean Gelée, Catarin Doino, Jacques le Mercier Architecte François, J. Callot, Robert Vaughan Anglois, Gio Humble Peintre Anglois, Josse Hondius, Giovanni Maggi apres Donato Frosino Architetto Fiorentino, Fr. Parmesan, Samuel Hoochstraten d'Anvers apres Diego Lopez, Valerianus Regnartius apres Horatio Torriani Architetto in Roma, Pierre Gentile, Dominicus Parasaccus, Franciscus Fulcar us, apres Marcus Antonius Magnus, Francisco Vagio apres Philippo Osegrenio, Joannes Maria Philippus de Desindo Architetto, Boëtius de Bolsuvvert, Nicolaus de Marté, AB. Flamen, Matthias Dresselleus apres D. Alf. Ang. Jean Picard, Corn-Galle apres Van Hoorst Georit Mountin Anglois, Nicolas Vander Hoorst, Corn-Cort : E. Moreau, Michel Ange en 1553. en tout 606 pieces.

### CCIV. PIECES DIVERSES

De plusieurs bons Maistres, 167.

### CCV. & CCVI. TRIOMPHES, CAVALCATES,

Entrées de Villes & ceremonies, contenuës en deux volumes de divers Maistres, Giovan Giacomo Scialta Tamberino de la guardia de N^re^ Seignore, pour la ceremonie de l'ouverture du Jubilé en 1625. Fr. Chauveau, *Godefroy de Scaichi à Rome en 1618. Giovan Orlandi*, Antonio Tempesta, Joannes Maggius 1610. Jacobus Laurus, Matthieu Greuter apres Papirius Bartholdus, & Simon son neveu en 1623. Francisco Cordova Pittore, Francesco Valesio, *Claudius Ducheti Nepos Ant. Romæ.* Joannes Guerra Mutinensis delieator en 1589. Joannes Londresel apres Henderich Arts, *Gio Iacomo Rossi, Henricus Van Schoël, Petri de nobilibus, Vincent ÿ Luchini* 1558 P. Brebiette, Henricus Hondius, *Doino*, Cl. le Lorain, Gerhaërt Bouttars Universitatis

Viennensis Sculptor, apres Hans Jacob Hertz Jer. Meij Tisler 1658. pour l'Arc Triomphal dressé à l'Emp. Leopold, Theodore de Tulden apres P. P. Rubens pour la pompeuse entrée du Card. Infant à Anvers en 1635. Cecy est pour le 1 volume de 260 pieces.

Celles du 2 volume sont de *Michel Matonniere*, N. Cochin, *P. Firens*, *P. Bertrand*, *I. le Clerc* 1610. Jean le Postre, *L. Lagnet*, M. Merian, B. Moncornet, Jean Ziarako Polonois, *I. Ganiere*, P. Firens apres François Quesnel 1610, Th. de Leu, N. Bollery, L. Gaultier, Heli du Bois, Loüys Bobrun, Ab. Bosse, J. Ziarnko Polonois 1612. Id. *Robert le Mangnier*. 1577. Metezeaus Architecte du Roy pour les Estats de 1615. Crache en bois, Egues Carolus Raynaldus Jean Boisseau, G. Hondtorst, L. Martson de Longe, & S. Savery, T. Keiser, & J. Suideraf, Fridericus Brentel 1611. Matth. Merian apres Claude de la Ruelle, J. Callot, Stephanus Harrson, Joiner Architecte, & VVilliam Riy, Juvenalis Boetti Fossanensis, J. de Fornazerijs delineator, Alessandro Boratta, François Collignon, Matth. Greuter, Jacques Stella de Lion, Alessandro Baratti, Ant. Tempeste, Phil. Galle apres J. Stradan, Horatio Torriani Architetto, *Giacomo Franco* in Frezzeria, Valegio, Dominico Zevoni, *Gerard de Iode*, G. Mantuan 1591. Sebastien Vranck, J. Van Velde apres M. de Jarge, Estienne la Bella, Jean Theod. de Bry, Jacques de Zettra, Jacques Gelle, E. Kieser, Bernardino Capitelli. En tout 650 pieces.

CCVII. MORESQUES, GROTESQUES, CARTOUCHES, QUADRES,

Et Bas Reliefs antiques de divers Maistres, Jean Sadeler, Loüys Ferdinand, Hierosme Cock apres Cornelis Flore, Spaert, Heer Van Volch, *Michel Van Lochon*, Ant. Tempeste, René Boivin, Jacques Androuet du Cerceau, Maistre Roux Florentin, *Ioannes Orlandi*, *Roma* 1602. L. Janssen, Jules Bonasone, Edoüard Peare, Eneas Vicus, Raphaël d'Urbin, Francesco Valesio, Marc Gerar, *Michel Snyders*, Estienne de Losne, Jean Hogenberg, M. du Val, Jacques Flore d'Anvers, Jaccomo Marcuci in Roma, Michel Mozin apres François Danck & J. Van Campen, *François l'Anglois dit Chartres*, Daniel Rabel, le Chevalier Bernardino Radi à Florence 1636. *G. Danckers*, Joannes Lutma, Gerard de Ecchont, *Clement de Ionge*, Gerbrand du Chesne à Amstredam, *Melchior Tavernier*, François Collignon, Estienne la Belle, Jacques Lutma à Amstredam, Agostino Metelli de Bologne, Leonardo dell arca à Rome, Gerbrant Vanden Eeckenhout, & J. Lutma à Amstredam chez Cornelis Danckers, il y a aussi Jean Lutma, en 1633. Corn. Galle, Hierome David apres Andre d'Ancone, *Vischer*, Agostino Mielli 1636. Camillus Cungius apres Bernardus Castellus, Assuerus de Londerseel à Amstredam, Abraham Bosse apres Paul Farinate, Hans Liefrinck, A. Vejentano, Gio Andrea Maglioli Napolitano, *sould lyp. stent*, Hans Liefrinck 1631. Virgilius Solis, Franciscus Pein Inventor, Joseph English Sculptor, B. Lochon apres Janssen, L. Ferdinand apres L. Tettelin, P. Brebiette, Polydore Caravage, J. Van Velde, Zac. Heince & Fr. Bignon, *René Guerineau*, *Nicolo Van Aelst*, VVincesl. Holar apres André Mantagne, Fr. Parmesan, J. Saenredan, apres Henry Goltzius & Polidore 1594. Mich. Ange, *Antoine Salamanque*, Cherubin Albert, Leonard Gaultier, *Petrus Stephanonius*, Corn. Cort. Silvestre de Ravenne, Phil. Thomassin. Il y a 1183 pieces.

CCVIII. Orfevrerie, Broderie,

Menuserie, Dentelles, & Patrons d'estoffes, de divers Maistres VVenceslas Hollar, Jeremie Falck apres Paulus Schmit, chez Jean Sommre, B. Montcornet, H de Vriese, Maistre Roux Florentin, Gedeon Legaré petit livre d'Orfevrerie, Paul de la Barre Maistre Orfevre, pour son livre d'Orfevrerie gravé par J. Briot, Laurentius Legaré, Jacobus Vander Tuerff, François le Fevre, Baltazar le Mercier, 1625. Hans George Mosbach Inventeur, 1626. Pierre Bauquat Inventeur, 1634. J. Briot, 1629. Jaspar Isac, Michel Van Lochon apres Antoine Hedoüyns 1633. Estienne de Laune 1573. Esaïas Van Hulsen pour ses pieces emportées 1617. Gerardus Sordot, Jacomo Laurentiani en 1632. à Rome, Antonius Gentilis Faentinus Aurifex, P. Firens, *Iacques Honervegt*, A. Jacquart, Dit. Mar Schn. *Vischer*, Hieronimus Banng à Nuremberg, H. Holbein, M. le Blon à Amstredam 1626. C'est Michel Blondus, Guill. Jansson, Daniel Mignot à Augsbourg en 1616. Abrahamus Heckius, Martin Gerard, Petrus Nilon 1619. C. J. Vischer Stephanus Carteron Castellionensis Burgundus 1615. Corvinianus Saur 1591 à *Strasbourg*, 1596. Paul B Jean Voüert

1601. Guillelmus de la Quevvellerie, 1611. Jacques Hurtu, 1619. Matthias Beïtler 1610. Esaïas Van Hulsen Van Indelberg, Valentin Sozenius 1622. Petrus Marchant, J. Toutin à Chasteaudun, Adrian de S. Hubert, Antoine Jacquart Poitevin, VVendel Dieterlin de Strasbourg, 1614. Christoffe Jamnikar Burger à Nuremberg 1610. Isaac Brunnius 1631. Thomas Picquet Peintre 1638. Lons Maturin Berton M^re^ Serrurier, Nic. de Jardin 1646. Didier Torner Serrurier, D. V. Velthem Serrurier, Aubert Loriot Serrurier, François Marcoul Maistre Arquebusier, C. Jaquinet Arquebusier, Guill. le Lorain Serrurier, Cæs. dan apres Louys Scal Brodeur, Ludovico Scalzi, Petrus Antonius Priscus 1617. Pierre Briard, Polifilo Zancarli, Tosio Zancarli en broderie, Gabriel VVeyer, Claes Jansf. Visscher 1634, Martinus Vanbuten Flander 1607, A. Vivot 1624. Diana Mantuana apres Battesta Gioldo da Como, 1580. Diana Mantuana femme de François Volaterre Architecte, apres une piece dessinée de sa main, & de la main de Baptiste à S^ta^ Petra en 1576. Renatus Boyvinus Andegavensis en 1575. Petrus l'Evesillé Aurelianensis, à Rome, Franciscus Civis Volateranus, & Diana Mantuana Uxor 1579. Cæsar Dom apres Antonius Priscus en 1607. & 1614. Ludovico Scalzi *Alitenius Gattus Romæ*. Girolamo David apres Pietro Antonio Prisco Napolitano 1624. Jean Barra en Broderie, Daniel Meyer à Francfort sur le Mein, 1618. Adrianus Muntingius Groningensis, , H. Janssen, Michaël Blondus Amsterodami, Theodus Baig. Nurimbergensis, *Henry Van Schoël* Romæ, Theodore de Bry, Mauritio Bona apres les dessins de Elisabetha Catanea Parasole Romana, pour des dentelles 1636. Bartholomeo Danieli Bolognese pour dentelles, Agostino Parisini, & Gio Batt Negro parte à Bologne, P. J. de Berry, P. J. de Bullant, 1565. Il y a 1424. pieces.

CCIX. CCX. & CCXI. ESCRITURES DIVERSES, Contenuës en 3 volumes de divers Maistres, D. Hopfer, Jean Sadeler, Hierosme VVirix apres Melchior Modelio 1608. Eberhardt Kiser, Jobst de Negter, Balthazar Koëblinus Suevus à Zurich en 1654. Frere Jacques Bonaventure Hipburnus Scotus de l'Ordre de S. François de Paule, Philippe Thomassin, Dominique Fontane du Diocese de Come Architecte Cavalier speron dora qui dressa la pyramide où sont les Hieroglifiques Egyptiens, apres lequel Natalis Bonifacius Dalmatinus en a gravé l'Estampe en 1589. Jacobus Romanus pour l'Ecriture, Toreumas Brianceus à Francfort sur le Mein 1595. C'est Theodore de Bry Giuseppe Segaro Genovese, M^re Escrivain, son livre gravé per lo multo Reverendo D. Epifanio dal fiano Valombrosano Priore dello Spirito S^to di Firenze en 1607. Gio Batt. Segaro fils de Joseph, à Genes. Lodovico Curione, Josse Hondius, Salomon, Henrix Scrip. 1594. J. Velde, Felix Van Sambix Scrip. J. Hondius Scrip. J. Van Velde Scrip. Il curione, M. Martin Aug. Scrip. J. de Beauchesne Parisien Scrip. J. Lonthusius Scrip. Jaquemyne d'hond Scrip. P. Goos Scrip. Petrus Bales Ang. Scrip. Thomaso Ruinetti da Ravenna de l'art de bien escrire, son livre gravé par Christoforo Blanco 1619. Nicolas Borbonius Sculptor, Jacques Romain, son livre imprimé à Rome par Pietro Spada en 1589. Jean de Beauchesne Parisien 1580. *Vincentio Luchini* Romæ, Paolo Forlivi Veronese, *Ferrando Bertelli*, Marius Caitinius, Marcello Scalzini detto il camerino, & le Romain Scrip. Jacobus Francus, Giacomo Castaldo Piemontese Cosmographo in Venetia en 1545. Jacobus Bossius Belga, pour la Carte de Suisse en 1555. Dominico Zenoi Venefica, pour la carte des País-bas en 1559. Cornelis Dankers à Amstredam, *Pierre de Iode*, à Anvers, *Michel Mathoniere* à Paris, *Iacques Honnervost*, *la veufve Petit*, P. du Val, chez *Vauconsains* à Paris, Alexandre Jean, Loüys Senault Maistre Escrivain, N. Cochin, le Febvre, J. Alegre le fils, A. Peyrounia Sculp. Gio Antonio de Paoli pour le jeu de la Cloche, Gaspard ab Avibus, Citadelensis, & Lucas Betellus pour le jeu de la fortune à Venise en 1586.

Le premier volume est de 598 pieces.

Le 2. volume aussi de divers Maistres, Nicolas Bodding Maistre d'Ecole à Harlem, Alexandre Jean Escrivain & Aritmeticien, Jacques Raveneau Maistre Escrivain, François des Moulins Maistre Escrivain, 1644. gravé par S. Savery: Guillaume le Gangneur Angevin, Secretaire ordinaire de la chambre du Roy 1599. Phil. Galle, Hubert Druet, Marie Pavie, Simon Frisius, Lucas Materot Bourguignon, François Citore d'Avignon: J. de Beaugrand Parisien Escrivain du Roy, & Secretaire ordinaire de sa chambre, son livre gravé par P. Firens, & par Leonard Gaultier : Simon Frisius, graveur de lettres : Jacques de His Maistre Escrivain: Desperois Maistre Escrivain, P. Moreau M. Escrivain à Paris, son livre gravé par Isac Briot, en 1633. Helden Staen Prestre Inventor, G. Looff Sculptor: le sieur de Beaulieu de Montpelier Maistre d'escriture, en 1625. son livre gravé par Matthieu Greuter Alleman : G. Malery a gravé un livre de Beaugran : Jacques de Heydem à Strasbourg 1614. Andreas & J. Cestelius, Sebastiano Zanella : Granthome a gravé un livre de Beaugrand : André le bé Maistre Escrivain Juré de Paris: N. Gougenost Dijonnois : Gerardus Gavv 1623. Tleostalvanden Velde Maistre Escrivain Hollandois : Georges Carpentier, Simon de Vries Maistre Escrivain Hollandois de Harlinghen, F. Hals, J. S. Hoef, Louys Senault Maistre Escrivain à Paris. Ce livre est de 791 pieces.

Le 3 volume est de 300 pieces de divers Maistres, Philippes Limosin Parisien avec son Portrait fait par Fr. Chauveau en 1647. Petré Maistre Escrivain Jvré à Paris, son livre gravé par R. Cordier d'Abbeville en 1647. Pierre Moreau Maistre Escrivain, Jacques de His d'Abbeville : Louys Barbedor Maistre Escrivain, son livre gravé par Robert Cordier d'Abbeville : André le Bé : Robert Vignon Parisien, Maistre Escrivain, son livre gravé par S. Frisius. Jean l'Albeuck a gravé une piece apres Philippe Limosin Maistre Escrivain : André Mar pour un Alphabeth de lettres Capitales figurées : Henrico Zucchi, Dominico Falcini, J. Boisseau : Jean Blanchin apres Jacques Cossard pour l'invention d'une methode qu'il a trouvée pour apprendre à lire, à escrire & à chanter. La Rouliere Malherbe pour apprendre promptement la Musique. C'est en tout 1689 pieces.

CCXII. & CCXIII. THESES D'ITALIE.

Elles sont contenuës en deux volumes, le premier de 256 pieces de divers Maistres, Gasparo chez Ant. Laffreri, Valerianus Regnartius apres Jean Nicolo Cressius, Jean Paul Blancus de Milan, Andrea Vincentino 1593. Franciscus Cavarus 1612. Lucas Ciamberlanus apres Angelo Barlesio da Coldarone, *Petrus de Nobilibus* Romæ, Gio Batt. Pascalino in Roma 1622. Bernardinus Galliardus, *apud Camocium*, Raphaële Guidi apres Anastasio Fontebuono: André d'Ancosne : Ambrosius Brambella Romæ 1582. G.

Autguers

Autguers 1623. Matth. Merian, Franciscus Curtus Bononiensis ; *Iean le Clerc*, J. Bapt. Coriolanus : Il Valesio, Jean Frederic Greuter apres André d'Ancosne : Fr. Vilamene apres le mesme : Jean Lanfranc, Ant. Pomerange, François Albanne, *Il Pinelli* : Franciscus Fulcarus Pictor : G. Baussonnet : A. Hanzeler en 1628. *Dominicus Falcini* : Charles David apres J. Mailly : Mattheus Greuter apres Franciscus Nappi. Il faut icy voir en la page 73 la These dediée au Pape Paul V, à cause des applications qui luy sont faites, les propheties qui ne se doivent entendre que de nostre Seigneur Jesus-Christ. Il Valesio : Jean Trochel apres Ant. Pomerange : Franc Flore : Gio Burnacini : Bartholomeo Mandoza, delineator, *Henricus Van Schoël*: Gaspard Cælius Romanus: Fr. Villamene apres Theodore Vanlot: Giovanni Florini : Christianus Sas, Valerianus Regnartius : Franciscus Albanus, Mattheus Greuter : Joannes Nicolaus Cressius Pictor : Eques Burghesius Guidotus : *Ioannes Antonij de Paulis* : Phi. Thomassin, Joannes Troschel : Hier. David : Karle Audran, apres Alexander Vajanus : Joannes Lelius : Gaspar Cælius : Lucas Kilian apres Fr. Vanius, Ludovicus Pozoseratus : Fr. Poilli.

Le 2 volume de 127 pieces est aussi de divers Maistres, & contient plusieurs pieces en bois, qui sont des cartes de Provinces & des Portraits de Villes. Il y en a de Jacomo Franco, Mattheus Florinus, Phil. Thomassin, Donatus Parigius Senensis, Lucius Cornelij, Cœsar Bassanus Mediolani 1629 : Horatius Brunus Senensis, apres Fran. Ruse de Sienno : Balu, Jean Blanchin. En tout 383 pieces.

CCXIV. jusques à CCXX.

Sept volumes en taille de bois sur divers sujets, & de divers Maistres, dont la pluspart ne marquent point leur nom. Le 1 des sept volumes est de figures de l'Escriture Sainte, ou d'autres sujets pieux. Il y en a d'Albert, de Lucas Cranis, les unes en grand & les autres en petit, de France & d'Alemagne, & contient 564 pieces.

Le 2 volume de 1323 pieces contient un livre de Josse Aman intitulé, *Theatrum mulierum*, *&c.* où sont representez les habits des femmes de diverses Nations, avec des vers Latins au dessous de François Modius. Ce livre imprimé à Francfort en 1586.

Un autre livre Aleman de 62 pieces, representant les ha-

Turcs apres les dessins de Nicolai, ed 1576.

Un livre de 125 pieces, où sont representez les habits de diverses Nations.

Un livre Aleman de 48 pieces, representant divers combats, accompagnez de vers Alemans, dedié à l'Emp. Charles V. par Simon Huters.

Figures de l'Arioste, & d'autres pour les Georgiques de Virgile, & pour autres sujets.

Un livre Aleman de 62 pieces de Joachim Meyer de Strasbourg, representant divers combats à l'espée, en 1570.

Les Travaux d'Hercule.

Un livre Aleman de 124 pieces de VVelser Rehlinger intitulé, *Patriciarum stirpium Augustanarum Vindelicum & earumdem sodalitatis insignia* : c'est à dire, des familles principales d'Augsbourg, où sont representez des gens armez de toutes pieces à cheval, chaque Chevalier marqué par l'escusson de ses armes, ce livre assez rare.

Autre livre encore plus rare, intitulé, *Libro de marchi de Cavalli de Bernardo Giunti in Venetia*, de l'année 1588, contenant 90 pieces.

Un livre qui porte pour titre, *Les Fables d'Esope Phrygien moralisées au Roy*, contenant 169 pieces.

Autre livre intitulé, *Theatre des animaux*, *&c.* à Paris, chez Guill. le Bé, en 1644.

Autre livre de Fables d'Esope contenant 100 pieces.

Autre livre de 118 pieces intitulé, *Sultifera Navis*, *&c.* par Sebastien Brant, & traduit en latin par Jacques Locher, & puis revû par le mesme Sebastien Brant dés l'année 1497, avec le travail de Jean de Bergman de Olpe.

Un livre intitulé, *Oeuvre de la diversité des termes dont on use en Architecture, reduit en ordre par Maistre Hugues Sambin demeurant à Dijon.* Ce livre de 37 pieces imprimé à Lion par Jean Durant en 1572.

Autre livre de 68 figures d'Architecture perspective.

Un livre de 44 pieces intitulé, *Le Calendrier des Bergers.*

*Item*, Plusieurs autres figures en bois, où sont les 12 Pairs de France.

Le 3 volume de 68 pieces doubles, de Titien, d'Albert, du Parmesan, de P. l'Aleman, de Goltzius, & autres.

Là est la destruction de Jerusalem, par Vespasien, du dessin de Claude Bezault, l'image de la vie morale & Chretienne, imprimée à Venise en 1511, qui est une piece rare avec la copie : la grande Tour de Babel, original & copie en deux grandes doubles feüilles.

La Fontaine de Jouvence.

Un triomphe Romain en 6 grandes pieces.

La Roüe de fortune en deux feüilles d'une invention singuliere.

Une grande cavalcate de 12 pieces.

Et en outre, le livre du voyage de la Meque en 7 grandes pieces.

Et un livre de la Passion de nostre Seigneur, de Rigman Philesius, imprimé à Strasbbourg par Jean Knoblouch en 1508, livre tres-rare de 25 pieces. Si bien qu'en tout il y a dans ce volume 90 pieces considerables.

Le 4 volume de 932 pieces contient un livre de figures des Histoires de la Bible en 272 pieces de Guill. le Bé, à Paris en 1643.

Le Symbole des Apostres en 12 pieces *de Iean le Clerc* en 1596.

Les Oeuvres de misericorde en 8 pieces.

Toutes les figures de Guill. du Choul de la Religion, & de la Castrametation des anciens Romains, en 585 pieces.

Combats à l'Alemande 13 pieces, &c.

Le 5 volume de 430 pieces, où sont des figures d'heures à l'Alemande, avec les mois, & des images de SS. des figures emblematiques, quelques unes du petit Bernard, les Apostres en grand d'un ancien Maistre François, des pieces de perspective & d'Architecture.

Un livre ancien de l'année 1542, propre pour les Peintres, les Tailleurs d'images, & les Orfevres : un autre livre de 1585, de diverses broderies & dentelles.

Pieces de feüillages & d'Architecture, d'Histoires & d'Animaux.

Le 6 volume de 218 pieces de la Comedie Italienne, & Françoise, & d'autres sujets de bouffonnerie, & de mignoterie, dont quelques-unes sont assez rares.

Le 7 volume de 666 pieces d'Animaux de Fables d'Esope, de petites cartes, & de figures de Mignoterie pour des chasses, de Paris & de Lion.

Le tout ensemble pour les 7 volumes se montant à 4225 pieces.

## CCXXI. LIVRE ARMORIAL.

Ce livre de la connoissance des Armoiries & des Genealogies, & des Armes de quelques familles de France d'Espagne, d'Italie, d'Angleterre & d'Alemagne, contient 680 pieces de divers Maistres, dont la pluspart n'ont pas marqué leur nom. Il y en a en bois & en taille douce avec le livre de Marc de VVlson de la Colombiere de cette science, imprimé à Paris chez Melchior Tavernier, avec des figures d'Ab. Bosse, de Gr. Huret, Fr. Chauveau, Nicolas Cochin & autres. Là sont aussi les livres des promotions des Chevaliers de l'Ordre du Roy des années 1619 & 1633, escrites par Jacques Morin sieur de la Masserie, & par P. d'Hosier, les figures gravées par P. Firens.

Le livre de Claude Magneney, qui est un grand recueil des Armes de plusieurs Maisons nobles.

Autres livres d'Armoiries des Pays-Bas, de l'Alemagne, de la Grand'Bretagne, de l'Italie, & de l'Espagne, où sont representez dans le dernier deux personnages debout avec ces mots au dessus dans un quadre, *Tevcro i Asdrubal fundadores de Cartagena*, & en suitte sont les Armes de diverses familles en 18 feüilles.

Les Genealogies contenuës dans ce volume, sont celles de Portugal, par R. P. Frere Joseph Texier Lusitain de l'Ordre des Prescheurs, Prescheur ordinaire du Roy de Portugal, en 1582.

Une autre de Portugal, par Mess. de Sainte Marthe.

De Loraine, que son Autheur appelle Royale, & la fait descendre de Charlemagne.

De VVasa, de laquelle sont les Roys de Suede & de Pologne.

De Bournonville, par P. d'Hosier en 1657.

Des Comtes de Nassau, imprimez à Leydem chez Jean Orlers.

de la maison de Salvaing en Dauphiné, par Marc de VValson.

De Courtenay Royale, des années 1618 & 1663.

De Lescale.

De la maison de Rosmadec.

De la Maison Royale de Pologne par Jean Kauffman, en 1649.

De la Maison de la Rochefoucault, par André du Chesne.

Des Roys de Naples & d'Arragon, la planche gravée par Georges Tilman Aleman.

De la Maison du Puy du Fou, la planche gravée par J. Picard en 1634.

Les Ordres Militaires, &c.

Je ne compte d'ordinaire qu'une piece pour chaque page de celles où il y a plusieurs Armoiries, quoy qu'elles soient separées.

CCXXII. CCXXIII. CCXXIV. ARMOIRIES DE THESES DE FRANCE.

Le 1 volume en contient 386 de divers Maistres, M. l'Asne, L. Gautier, Jacques Laurus, , Michel Van Lochon, P. Firens, Fr. Ragot, Spirinx, Jaspar Isac, J. Picard, B. Moncornet, J. de Courbes, Eli du Bois, M. Faulte, Blanchin, L. Picart, Van Merlen, Th. de Leu, Hier. Cock, Palliot, N. Picard, Humbelot, Jollain, J. Poinsart, C. David, P. Roussel, Matthieu, Petrus Taber Lugdunensis, Joseph Rongen, Michel Pelais, Gr. Huret, J. Ganiere, C. Charpignon, F. Sain, Daniel Rabel.

Le 2 uolume en contient 233 de Nicolas de Larmessin, Lulié, Grignon, Humbelot, Gr. Huret, Jollain, J. Guerin, P. Firens, P. Roussel, M. Van Lochon, Alexandre Boudan, J. Boulanger, Alb. Flamen, Fr. Chauveau, J. Couvai, Petrus Faber Lugd. apres Martin de Vos,

J. Seguenot, N. Loyr Inventor, L. Baugin Inv. *Martin de Moreul*, J. Ganiere, G. Ladame, M. l'Asne, Guill. Faitorne, Jaspar Isaac, P. Van Mol Inv. P. Landry, J. l'Enfant.

Le 3 volume en contient 424 de J. Humbelot, Jollain, J. Ganiere, L. Gautier, Cl. Melan, P. Firens, Fr. Ragot P. Roussel, N. Picard, Matthieu apres le Blond, Gr. Huret, Alb. Flamen, Fr. Chauveau, J. Guerin, Gil. Rousselet, J. l'Enfant, J. Seguenot, M. Van Lochon, P. Daret, M. l'Asne, M. Faulte, Crispian de Pas, de Rogues, Cl. Charpignon, Antoine Messager, G. Ladame, Jaspar Isac, J. Blanchin, J. Picart, B. Moncornet, Honnervuogt, *A. Boudan*, Eli du Bois, J. de Courbes, Noblet, G. le Brun, Cl. Vignon Inv. C. David, C. Goyrand, Gilles Rousselet, id. Noblet, J. Briot, M. Pelais. C'est en tout 1043 pieces.

CCXXV. ROMA SOTERRANEA.

D'Antoine Bosius Romain imprimé à Rome chez Guill. Facciotti en 1632, contenant 209 figures en taille douce.

CCXXVI. Jusques à CCXXXII.

Sept volumes de l'Atlas de Guillaume & Jean Blaeu à Amstredam en 1638.

Le premier Tome contenant 209 cartes apres plusieurs Autheurs, & gravées par J. Vanden Ende, & par quelques autres apres Andreas Buræus de Boo Secretaire & Archite- du Roy de Suede: Fœdorus Borissouvitsi pour la Russie: Nicolaus Christophorus Prince Ratzivil pour la Lituanie: Gaspar Hennenberg Erlichensis pour la Prusse: Eilhardus Lubinus pour la Pomeranie, son graveur S. Rogiers.

Jean Laurembergius pour Meklemburg.

Joannes Gigas Medicus & Mathematicus, pour Hildesheim & autres.

Joannes Melingerus pour Lunebourg.

Christianus Molerus pour la riviere d'Elbe.

Esimonts Hamersvveldt a gravé Oldemburg.

Ubbo Emmius, pour la Frise Orientale.

Joannes VVestemberg Medicus & Matth. pour Bentheim

Adolarius. Erichius Anderslebianus, pour Thuringe.

Tilemannus stella, pour le Comté de Mansfeld.

Martinus Helvvigius Nissensis, pour la Sillesie.

J. A. Comenius pour la Moravie.

Gerard Mercator, pour diverses Provinces.

VVolfangus Lasius, pour l'Austriche.

Christoforus Hurterus, pour l'Alemagne.

Fortunatus Sprescher à Berneck, & Phil. Gluverius, pour la Rhætie.

Guill. Jansonius, pour les Pays-Bas.

Michaël Florentius à Laugren Math. pour le Brabant.

Franciscus Van Schoten Math. de Leyde.

VVillebordus Vander Burght, pour Boleduc.

Ægidius Martinus, pour Limbourg.

Joannes Surhonius, pour Namur.

Pieter Code Van Enchuysen, pour les costes maritimes.

Martinus Doüé, pour le païs de Tournay.

Adrianus Metius, & Gerardus Freitag, pour la Frise.

Bertholdus VVicheringue, pour Groningue.

Le 2 Tome contient 107 Carthes de Guill. & Jean Blaeu, apres divers Maistres.

Jean Suthonius pour la Picardie.

P. petit Bourbon, pour le Gouvernement de la Capelle.

Damien le Templeux Escuyer sieur du Frestoy, pour l'Isle de France.

Fr. Guilloterius Bituricensis, pour l'Isle de France.

Jean Jubrien Chaalonois, pour le Diocese de Rheims.

Abraham Faber Consul de la ville de M, pour le Païs Messin.

Jean Van Damme S^r. d'Amendale, pour le Comté de Charolois.

Jacques Gadart de Geneve, pour le lac de Geneve.

Jean Fajan, pour le Limosin.

Gabriel Simeon, pour la Limagne.

Joannes Temporius, pour le Blaisois.

Isaccus Francus, Grand Ma[illegible] des Eaux & Forests pour la Touraine.

Licinius Guietus Angevin, pour l'Anjou.

Mattheus Operius, pour le païs du Maine.

Joannes Tardo Canonicus Ecclesiæ Sarlatensis, pour le Diocese de Sarlat.

Petrus Joannes Bomparius, pour la Provence.

Jacques de Chieze Orageois, pour le Diocese d'Orange.

Jean de Beins Geographe & Ingenieur du Roy, pour le Dauphiné.

Pierre Bertius, pour l'Empire de Charles-magne.

Abraham Ortelius, pour la Gaule, selon Strabon.

F, Fer Oiea Ord. Præd. pour la Galice.

Vernandus Alverus seccus, pour le Portugal.

Le 3 Tome contient 65 Cartes de Guillaume & de Jean Blaeu, pour l'Italie, & pour toutes les Provinces qui en dependent.

Le 4 Tome contient 63 Cartes de G. & de Jean Blaeu, pour la Grand'Bretagne.

Le 5 Tome contient 55 Cartes de Guill. & Jean Blaeu, pour l'Escosse & l'Hibernie.

Le 6 Tome contient 17 Cartes de Guill. Blaeu, apres Martinus Martinius, pour la Chine.

Le 7 Tome contient 30 Carthes enluminées du livre intitulé, *Harmonia Macrocosmica, sive Atlas universalis, orbis celestis, studio & labore Andreæ Cellarii Palatini, Scholæ Hornana in Hollandia Boreali Rectoris, Amstelodami apud*

*Ioannem Iansonium an.* 1661, de la graveure de F. H. Van Hoven. C'est en tout 446 Cartes.

CCXXXIII. CARTES DE FRANCE,

Les premieres desquelles sont de Gerard Mercator Cosmographe de Monſ. le Duc de Cleves & de Juliers, imprimées à Duysburg dans le païs de Cleves, au nombre de 12.

Il y a aussi les Cartes d'Everard Cloppenburgius à Amstredam, de Jean Boisseau, Nic. Sanson, Melchior Tavernier, Pierre Pronostel de Rheims, pour le Diocese d'Alby.

Licin Guiet. pour l'Anjou, à Tours chez Maurice Boguereau, en 1591.

Le sieur du Bouchet Maistre d'Hostel du Roy, pour l'Auvergne, 1645.

Le sieur de Clerville, pour la haute Auvergne.

Evert Sijmons, & Hamers Veldt, pour le païs du Bearn.

Damien le Templeux, Escuyer sieur de Frestoy, pour le Beauvesis, & le Valois.

Gabriel Symon, pour le Berry & la Limagne.

Jean Temporarius, pour le Blaisois en 1590, à Tours.

Salomon Rogers Graveurs, pour le Bordelois, le païs de Caux.

Nicolas Nicolaï de Dauphiné, pour le Boulonnois.

Jean Surhonius, pour le Vermandois & la Picardie, à Tours en 1592.

Jean Janson à Amstredam, pour la Champagne & la Provence.

Jean de Beins Ingenieur & Geogr. du Roy, pour le Dauphiné.

Jean Vanden Eijnde Graveur, pour la Principauté de Dombes.

Ant. Jean Fayan, pour le Limousin, à Tours en 1594.

Abraham Faber Consul Metensis, pour le païs Messin.

Henry Hondius, pour le Nivernois & la Normandie

Evert Sijmons & Hamers Veldt incisor, pour Orange.

Pierre Roger Poitevin, Conseiller du Roy, pour le Poictou, à Tours.

Jean Jubrien Chalonnois, pour le Diocese de Rheims.

St Clair Ingenieur du Roy, pour les Isles de Ste Marguerite & S. Honorat.

Guill. Blaeu, pour Sedan.

Isaaccus

Isaacus Francus Regius Edilis, & Maistre des Eaux & Forests, pour la Touraine, 1592.

Le sieur du Bas, pour la Vicomté de Turenne.

Il y a aussi les petites Cartes de France de Nicolas Tassin Geographe du Roy au nombre de 424.

G. Cloche a gravé le Portrait de la Ville de Renes en 1616. Il y a en tout dans ce volume 497 pieces.

CCXXXIV. LES VILLES ET CHASTEAUX

De France par C. Chastillon, J. Boisseau, Melchior Tavernier, Matth. Merian, Israël, J. Poinsart. Ce livre contient en tout 455 pieces.

CCXXXV. L'EMPIRE ROMAIN.

Ce volume est composé de Cartes, figures, Medailles, & autres pieces de divers Auteurs. Il y a en tout 1028 pieces.

CCXXXVI. LES QUATRE MONARCHIES.

Dont le sujet a esté changé en pieces de divers Auteurs, lesquelles en approchent toutefois au nombre de 730.

CCXXXVII CCXXXVIII CCXXXIX & CCXXXX.

JACQUES ANDROÜET DU CERCEAU.

L'œuvre de ce Maistre Architecte & l'un des plus fameux de son temps, consiste en 4 volumes, le premier desquels est des plus excellens Bastiments de France. Ce livre imprimé à Paris par le mesme Auteur en 1576 auquel sont adjoutez d'autres dessins de Bastiments par le mesme, & contient 193 pieces.

Le 2 volume consiste en 622 pieces de cartouches, fleurons & autres pieces de Menuiserie decoupées, de termes, de pillastres, de trophées, moresques, grotesques, frises composées, en vases, coupes fermées, bas reliefs, enchasseures de diamants & autres pierreries, clefs, serrures, enseignes de maisons, marteaux, broderie, émailleure, compartiments & plafons. Il y a aussi l'histoire de Psiché apres Raphaël, deux pieces de fables d'Amour, une pomone, sept figures de gens vestus à la mode de la Cour d'Henry III. des statuës dans des niches & des figures emblematiques.

Le 3 volume est de 261 pieces, d'Edifices antiques de Rome, de Ruines, de pieces d'Architecture en perspective, dans des ronds, de platfonds ornez de representations maritimes, de compartiments de jardinages, de cheminées, fenestrages, portes, buffets, tables, chalits, chaires, fontaines,

P

puits, epitaphes & tombeaux.

Le 4 volume est de 307 pieces, de leçons, de perspective positive, dont il y a un livre entier imprimé à Paris chez Mamert Patisson en 1576.

Un autre livre de bastiments avec leur plan, des ruïnes d'anciens Edifices, des Temples & des monuments antiques. Un second livre d'Architecture, un autre de portiques & d'Arcs triomphaux, un autre de petits Temples, & d'autres Edifices, des domes, des fontaines, la grande sale du Palais de Paris avant qu'elle fust bruslée, & la façade d'un Palais. C'est en tout 1386 pieces.

CCXLI. ROME ANTIQUE ET MODERNE,

De divers Auteurs, Giles de Boüillon, pour la carte de l'ancien Latium.

Sebastianus à Regibus Clodiensis, pour la carte de Rome avec ses Forts.

Nicolas Beatrice, pour une autre Rome.

Pyrrus Ligorrius, Neapolitanus, pour un autre Rome en 1552.

Franciscus Hogembertius apres Abraham Ortelius, pour la carte de l'Empire Romain, 1571.

Jacobus Laurus Romain, pour le livre intitulé, *Antiquæ Romæ splendor, &c.* en 1612.

C'est la Rome antique, contenant plusieurs parties.

Giles Sadeler, pour son livre des ruïnes de Rome, 1606.

Henricus Clivensis, & Phil. Galle, pour un livre de Ruïnes.

Adrian Colar apres le mesme Henry de Cleves, pour des Ruïnes.

Gio Batt. Mercati, pour des veuës & des perspectives de lieux inhabitez à Rome.

Guill. Van Nieuland, pour son livre de Ruïnes de Rome.

Philippe Galle apres Martin Hemskerc, pour des Ruïnes.

Israël Sylvestre, pour des vuës de Rome.

Jacques Androüet du Cerceau, pour des ruïnes de Rome.

François Villamene apres Josepin, ventura salimbene.

Joannes Lutma junior, pour les Obelisques. Il y a en tout 529 figures.

CCXLII. jusques en CCXLVIII.

Sept grands volumes d'Architecture, le premier desquels est de Samuël Marolois, contenant 278 pieces, qui sont toutes les œuvres Mathematiques de cét Auteur, où il traite de la Geometrie perspective, de l'Architecture & de la fortification. Là sont joints les fondements de la perspective & de l'Architecture de J. Vredman Vriese. Ce livre imprimé à la Haye chez Henry Hondius & Jean Janssonius en 1614.

Le 2 volume d'Architure est de 406 pieces de Giacomo Barozzio da Vignola, pour son livre des Regles des cinq ordres d'Architecture, avec une augmentation nouvelle de Michel Ange Bonarote, imprimé en 3 langues à Amstredam chez Jean & Corneille Blaeu en 1640.

Le Vignole, c'est à dire, André Vignole fameux Architecte, pour un livre de 45 pieces gravées par Matthieu Greuter.

Bastiano Fulli Pictor Sanese.

Joan de Santen Architetto Romano.

Paulus Van Vianen Peintre M. H. Kayser Inventor, Voëtmaët: Pierre Vincke Boons Inv. le Sy de Broos Inventor.

Vincenzo Scamozzi Architetto Veneto, pour son livre de l'idée de l'Architecture universelle, imprimé à Venise en 1615.

Claude Savary à Lion, pour cinq pieces des 5 ordres d'Architecture.

Jean Marot, pour un livre d'Architecture.

Pierre Collot Architecte, pour un livre d'Architecture imprimé chez Mich. Van Lochon en 1633, Antoine le Mercier.

Jean Vredeman Frison, pour son livre d'Architecture pris de Vitruve imprimé à Anvers en 1577.

Vindelinus Dieterlin Peintre de Strasbourg, pour son livre d'Architecture composite dordre Gottique en 1568

B. Van Bassen, & C. Hoecgeest.

P. Nolpe apres J. V. Vulch.

Jean Fridman Frison, pour son liv. de perspective imprimé à Anvers en 1568.

Le 3 volume d'Architecture est de 360 pieces de divers Autheurs.

Marco Giovan Battista Montano Milanese, pour son livre de Tabernacles, lesquels il avoit inventez, & que Giovan Sovia Romain a mis en lumiere pour l'utilité des Peintres & des Sculpteurs en 1608 à Rome. Hierosme David en a gravé l'ouvrage.

Joannes Maggius, pour 12 facades d'Eglises de Rome en 1609, & pour l'Eglise de S. Pierre en 1619.

Cherubin Albert apres Michel Ange, pour ses grandes voutes.

M. Jean Bapt. Montan Milanese, pour son livre intitulé, *Diversi ornamenti capricciosi per dispositi altari utilissimi, a virtuosi, Da M. Giovan Batista Montani Milanese Intagliatore di ligniame tutti in luce da Gio Batista Soria Romano in Roma* en 1625, contenant 42 pieces.

Un autre livre du mesme de 70 pieces intitulé, *Scieta di varij Tempietti antichi con le piante & Alzalte designati in prospetiva in Roma*, en 1624.

Autre du mesme, pour des Temples & des sepultures en 1638.

Gio Batt. de Rossi, pour un livre de Palais de Rome en 1638.

Les Palais de Genes en 142 pieces.

Jaq. Callot, pour le parterre de Nanci.

VVenceslas Hollar, pour la bourse de Londres.

Michel Colin, pour la Bourse d'Amstredam, 1629.

H. Hondius, pour la Cour de Hollande, apres G. de Sain.

Le 4 volume d'Architecture de 412 pieces consiste aux œuvres des Maistres nommez en suitte.

Alexandre Francine Florentin Ingenieur du Roy, pour son livre d'Architecture, contenant plusieurs portiques de diferentes inventions, imprimé à Paris chez Melchior Tavernier en 1631, & gravé par Abraham Bosse en 45 pieces.

Cæsar Dom, apres Lud. Sc.

F. Fulcarus, apres Giovan Batt. Montano Milanese, & M. Ange Bonarote.

Horatio Perucci Pittore e Architetto Reggiano, pour son livre de portes d'Architecture rustique, mis en lumiere par son fils Francesco, & imprimé chez Vittorio Serena en 1634, & gravé par Coriolano.

Jacques Androüet du Cerceau, pour ses livres d'Architectures en 1576.

Henry Hondius, pour son livre d'instruction en la science de perspective, imp. à la Haye en 1625.

Lorenzo Sirigalti Cavaliero, pour son livre de la pratique de perspective imp. à Venise en 1625.

Jean François Niceron, pour son livre de perspective oblique gravé par Jean Blanchin.

Le 5 volume d'Architecture de 503 pieces comprend quelques œuvres des Maistres suivants.

Joseph Boillot Langrois, pour son livre de Termes composez de figures d'animaux, imp. à Langres.

François Langlois, pour un liv. de Termes d'Architecture.

Vreedman Vriese, pour son liv. de Termes, par Gerard de Jode.

Roger Kaseman Aleman, pour son livre d'ornement d'Architecture.

Theodore Galle à Anvers pour un liv. de Trophées, par Jean Vredman Vriese à Anvers.

Jacques Androüet du Cerceau, pour des Corcelets & des trophées d'armes.

Jacques Mathan, pour un livre d'ornements apres l'antique.

Adam Phelippon Menuisier & Ingenieur ordinaire du Roy, pour un livre d'ornements antiques & modernes, à Paris 1645.

Polephilo Zancarli, pour 12 pieces de feüillages antiques pour des Frises.

Jean Biria, pour une Grotesque.

Edvvard Peake, & Robert Peake, pour des ornements de Frise, 1640.

Pierre l'Eveillé d'Orleans, pour des Frises antiques à Rome.

Crispin de Passe, pour un livre de Menuiserie, à Amstredam en 1642.

Bernardino Radi Cortonese, pour un livre de dessins d'Epitaphes.

Jean Vredeman dit de Vriese, pour un livre de Menuiserie mis en lumiere par Ph. Galle.

J. Baret, pour un livre d'Architecture d'Autels & de cheminées, gravé par Abr. Bosse en 1633.

Antoine le Mercier apres P. Collo, pour un livre de cheminées chez M. Van Lochon.

Corijn Boël, pour un petit livre de quadres avec des Chapiteaux.

Valerianus Regnartius, apres Horatio Torriani Architecte du Roy d'Espagne.

Pieter de Caiser 1622, apres Henry de Caiser.

Care Fontana Architetto 1591.

Antonio Gerardi.

Marcus Antonius Magnus Inventor.

Pierre Gentile, & Dominicus Parasaceni.

Giacomo de la Porta Architetto.

Hieronimus Rainaldus Inventor & Incisor.

Giovanni Flore apres Bastiano Fulli Senese Pittore.

Le 6 volume d'Architecture est de 246 pieces.

Antonio l'Abacco, pour son livre de choses appartenant à l'Architecture, & de quelques antiquitez Romaines, imprimé à Venise en 1584.

Jacomo Barozzio da Vignola, pour son livre des cinq ordres d'Architecture imprimé à Rome, 1602.

G A. Pour son livre d'Architecture de 33 pieces, fait à Rome en 1535.

Antoine Pierrets, pour son livre d'Architecture de portes & cheminées, à Paris 1647.

Jean Marot, pour divers livres d'Architecture.

J. Vredeman Vriese, pour un livre de perspective d'Architecture en dedans.

Le mesme, pour un livre de diverses Architecture, à Anvers chez Theod. Galle, 1601.

S. Maupin, pour l'Hostel de Ville de Lion.

Vincent Justinian fils de Joseph 1630.

François Mansart, pour l'Eglise Sainte Marie, gr. par Pierrets.

J. Boudet Inventeur de pieces d'Architecture.

L'Escurial d'Espagne.

Le 7 volume d'Architecture de 437 pieces.

Jean Cotelle Peintre du Roy a fait un livre de divers ornements, pour des platfons, Cintres, & Galleries, le commencement en est gravé par Fr. Poilli.

Antoine Pierrets, apres Maistre Francisque, pour des feüillages d'Architecture, qui sont à Fontainebleau, & pour d'autres ornements antiques.

Pierre Firens, pour des cartouches ou petits termes d'Architecture.

Jacques Honnervogt & Pierre Van Lochon, pour un livre pour un livre de Termes d'Animaux.

*Dirck E Lons*, pour des masques d'Architecture.

Harman Muller, apres Jacques Flore, pour des cartouches d'Architecture.

Jacques Stella Chevalier de l'Ordre de Saint Michel, pour ses livres d'ornements d'Architecture.

*Gottifredus de Scaïços*, pour des Palais & Jardins d'Italie.

Bartholomeo Rossi Fiorentino, pour son livre intitulé, *Ornamenti de Fabriche Antichi & moderni dell' Alma Citta di Roma*, dessiné par Jean Majus Romain, en 1600.

Mario Cartaro, pour son livre de perspective diverse, à Rome en 1578.

Jean Jansson à Amstredam, pour un livre de perspective pratique, 1626.

Françoise Bauzonnet, pour des feüillages d'Architecture. En tout dans les 7 volumes 2642 pieces.

CCXLIX, CCL. & CCLI. CARTES GEOGRAPHIQUES

De Nicolas Jansson distribuées en trois volumes, de la gravure d'Antoine de la Plaes, & quelques-unes apres Pierre Bertius.

Cornelis Danckers chez Melchior Tavernier, & depuis chez Pierre Mariette, apres Cambdene Spede.

Pierre du Val.

Abraham Peyronnin Graveur. R. Cordier d'Abbeville Graveur.

J. Somer Graveur, Michel Van Lochon.

Jean Leger de la Fleche, Geographe pour l'Anjou.

Petrus Pronostes de Rheims, pour le Diocese d'Albi 1642, &c.

Le 1 volume contient 85 cartes, le 2, 86, & le 3 87.

Toutes lesquelles sont enluminées, à la reserve des 16 dernieres. Et le tout ensemble fait 258 Cartes.

## CCLII. CRAYONS DE L'AGNEAU.

Il y en a 192.

## CCLIII. VILLES.

J'en ay recueilli 35 dans un grand porte-feüille, de celles qui sont en perspective de quatre ou cinq feüilles en largeur.

Londres, par Josse Hondius à Amstredam, 1620.

Cracovie, de Matthieu Merian 1626.

Nuremberg, de Petrus Kærius 1619.

Midelbourg, de Nicolas Jean Visscher 1619.

Anvers, de Jean Bapt. Vries, à Amstredam chez Jean Jansson. 1617.

Prague, de Philippe Vanden Bossche 1618.

Hambourg, de Nicolas Joannides Piscator 1626.

Majence, de Corneille Danckers à Amstredam, 1643.

Olinde Fernamburg de Jean Blaeu, à Amstredam 1643.

Magdeburg, de Jean Van Velde, chez Claes Jansz Visscher 1637.

Deventer, de Jean Christian Citoyen de Deventer, 1647.

Paris, de Franciscus Hojanis à Amstredam en 1619.

Bordeaux, de Corn Dankers à Amstredam.

Cologne, de Nicolas Jean Visscher, 1638.

Bruxelles, de H. Verstralen.

Amstredam, de Guillaume Jansonius 1620.

Autre Amstredam, de Henry Hondius 1637.

Francfort sur le Mein, de Matth. Merian 1640.

Utrech, de Corn, Danckers, 1647.

Danzich, de Nicolas Pescheur, 1626.

Copenhaghen, de Corneille Danckers 1645.

Francfort, sur le Mein, de Jean Jansonius, 1624.

Augsbourg, de Jean Janssen, 1619.

Strasbourg, de J. Jansson 1618.

Cracovie, du mesme 1619.

Bologne, de Gio Batt. Paganelli, apres Octavio Corradi.

Nantes, de Corneille Danckers, 1645

Roüen, de Jean Jansen, 1631.

Tours, de Henry Hondius.

Abbeville, de H. Hondius, 1641.

Constantinople, de Nicolas Pescheur, 1626.

Naples, de Nicolas Jansz Visscher, 1643.

Seville, du mesme, 1643

Lisbonne, du mesme.

Venise, de Romboutus Hoëyus 1638.

Genes, de Nicolas Jean Jansson Visscher, 1648.

Florence, du mesme 1643.

### CCLIV. GRANDES VILLES.

Il n'y en a que 12 dans ce livre: mais elles sont toutes fort

fort grandes, de plusieurs feüilles chacune.

Gand, de H. Hondius.

Florence, de D. Stephani.

Naples, de Alessandro Baratta.

Maroch, de Adrian Mathan.

Genoa, di Giovanni Orlandi Romano 1637.

Pragues, de Giles Sadeler.

Bologne, de Floriano dal Buono Bolognese, 1636.

La Haye, de Nicolas de Clerck, & de Jean Van Londerseel, chez Jean Jansron à Amstredam en 1616.

Cologne, de Henry Hondius.

Jerusalem, de Ceseri Chaparnicha à Rome.

Jean Blaeu, pour la ville d'Edembourg.

Hambourg, de Arnoldus Petersen.

CCLV. & CCLVI. Rome.

C'est à dire, les Portraits de la Ville de Rome, & des principales pieces qui y sont en deux volumes, le 1 contenant les Portraits de la Ville en plusieurs feüilles.

Roma antiqua, de Jacobus Bassius Flamen, à Rome pour Michel & François Tramezini en 1561, depuis pour Jean Bat de Rossi.

Autre d'Estienne du Perac en 1574, pour Laurent de la [Vacherie à Rome.

Rome, de Francesco de Paoli.

Rome, d'Antoine Tempeste.

Rome de J. Bapt. de Rossi 1640.

L'elevation de l'Obelique par Dominique Fontane, l'Estampe en a esté dessinée par Jean Guerra de Modena.

Rome d'Israël Sylvestre, & de J. Boisseau.

Le Vatican, en plusieurs feüilles, par Christofle Rucca Gardien des Jardins du Vatican, imp. chez Jacques Mascardi, en 1615.

Caprarole de Jacques Barocci da Vignola.

Le Capitole de Rome, par C. Buirette le jeune, en plusieurs pieces.

Le Palais d'Alfonse II. Duc de Ferare par Dominico Thebaldo Bononiensi en 1566.

Palais de Naples de Dominique Fontane. Il n'y a que 20 pieces dans ce 1 Volume.

Le 2 en contient 71, pour les Eglises, les Palais, & quelques autres singularitez, apres le Bramante fameux Architecte, Antonio Sangalo Fiorentino Archit. M. Ange Bonarote, Giacomo da Vignola: Sangalo, Pietro Ferrerio Pitt. & Arch. Hieronimo Rainaldi Archit. Paolo Maroscelli Romano Arch. en 1642. Annibal Lippi Pitt. Romano, Martino Lunghi; il Vecchio de S. S. Borghesi Archit. Bramante da Urbino, Giacomo de la Porta Romano Arch. 1575. Baltazarre Peruzzi da Siena 1532. Antonio da Sangallo Arch. Giulio Mazzoni Piacentino Pittore, Scultore e Architt. 1565. Raphaël d'Urbin 1515. Bartolomeo Amannat Scultore & Architeto Fiorentino. P. Dominico Paccanelli da Faenza Mathematico & Arch. Baldazarre Perucci da Siena Pittore & Geometra. Pietro Ligorio famosissimo Pittore & Antiquario Nobile Napolitano 1560. Martino Lunghi il Vecchio. Giacomo del Duca Siciliano famoso Scultore. El Cavalier Domenico Fontana, Giacomo Barozzi da Vignola celebre Architetto & Pittore. Bartholomeo Ammanati Scultore & Architetto Fiorentino, 1564. El Marchese Gio Battista Muti.

*Nicolas Van Aelst*, pour les Eglises de Rome en 1600.

Joannes Maggius Romanus pour les Eglises de Rome avec les tableaux des Autels.

Jacobus de la Porta Inventeur du pavé de la Chapelle Gregorienne en 1580, avec le dedans de la Chapelle.

Les 6 grandes Voutes de M. Ange, par G. Mantuan.

Le Chevalier C. Rainaldo, pour le dessin de la place del populo sous Alexandre 7.

Joannes Lutma Junior pour le dessin de l'Esquille qui est à Rome. Il y a en tout 91 pieces.

### CCLVII. Paris et quelques autres Villes, en grand.

Paris en bois, dés le temps du Roy Louys XII.

Corn. Danckers, pour le Chasteau & les jardins de S. Germain en Laye. [1625.

S. Maupin & D. V. Veltem, pour la ville de Lion en

Le mesme sieur Maupin Voyer de Lion a dessiné la Maison de Ville de Lion.

Nicolas Auroux l'a aussi gravée.

Mauperché, pour le Chasteau & les jardinages de Liancour.

Odoricus Alcisius Septempedanus Picenus, pour Avignon.

Hugues Picard, apres Jacques Cellier pour Rheims.

J. Poinsard, pour Geneve en 1540.

Le Sr du Carlo Ingenieur & Geographe du Roy, par Melchior Tavernier pour la Rochelle en 1628.

Edme Moreau, pour l'Eglise des Jesuites de la ruë S. Antoine de Paris 1647.

Jacques Gomboud Ingenieur ordinaire du Roy, pour la ville de Roüen.

Petrus Huyssens de Bruges Jesuiste Architecte, pour l'Eglise des Jesuistes d'Anvers, l'Estampe gravée & dessinée par Jean de la Barre Peintre sur le verre.

Batavie en 4 feüilles 1630. En tout 23 pieces.

Israël Sylvestre, pour Lion, & Frejus.

J. Boisseau, pour Jerusalem.

### CCLVIII. TABLES GEOGRAPHIQUES

Et Philosophiques, les premieres gravées apres Nicolas Sanson au nombre de 68, & les autres escrites à la main, comme si elles estoient imprimées en double feüille, au nombre de 19, avec un cayer instructif sur ces sortes de matieres. En tout 84 pieces.

### CCLIX. CARTES DE ROYS ET PRINCES,

Et personnages illustres, suivant l'ordre des temps, en 28 pieces de doubles feüilles avec les ecrits.

### CCLX. CARTES GENEALOGIQUES ET CHRONOLOGIQUES,

Et autres grandes pieces, avec un livre manuscript des Eveschez de Bretagne, neuf pieces en tout avec la grande These de Mellan.

### CCLXI. GRANDES PIECES

De Jean Cousin, de Phil. Thomassin en 1602, de M. Mosin apres C. Erar, Augustin Carrache, Jean Baptiste Ricci Novariensis gravé par Phil. Thomassin, onze pieces en tout.

### CCLXII. LIVRE D'ARCHITECTURE ET DE MAGNIFICENCES.

Jacobus de Campen Seigneur de Randebrock, appellé Architecte incomparable, pour son livre des beaux Edifices, qui sont à Amstredam, par Danckers, en 1661.

Un livre en Aleman, des ceremonies qui se firent à l'election de l'Empereur Leopol par Gaspar Merian.

Autre livre de la guerre Belgique, par Famianus Strada, les figures gravées par Guill. Baur. Il y a dans tout ce volume 70 figures.

CCLXIII. PIECES CURIEUSES ET SINGULIERES

De divers Maistres, selon la pensée de la Magdalena, par Marc Antoine, & autres, lesquels n'ont pas marqué leur nom. Il y en a en tout 50.

CCLXIV. & CCLXV. VILLES, SIEGES, COMBATS,

Et places de guerre dessinées par le sieur de Beaulieu Ingenieur & Geographe du Roy, & gravées par Nicolas Cochin, distribuées en deux volumes au nombre de 42. En tout 85 pieces.

CCLXVI. LES TROIS GRANDS SIEGES

De Jacques Calot.

CCLXVII. SOUTMAN.

L'œuvre que j'ay recueillie de Pierre Soutman est de 89 pieces, & consiste principalement en grands Portraits qu'il a gravez en eau forte apres son propre dessin.

Il a fait aussi en grand les images des Illustres Saints des Païs-Bas, en 1650.

Une piece apres Raphaël d'Urbin, une autre apres Leonard del Vins.

Il a fait aussi des Portraits des Ducs de Bourgongne apres Jean Van Eych, & P. Van Sompel a gravé apres luy, aussi bien que J. Suyderhoest, J. Louïs, Corneille Vischer.

Il en a fait apres le Titien, P. Paul Rubens, Ant. Vandick, G. Hondtorst', A. Grebber', Adam Elshamer.

CCLXVIII. COPIES DE LUCAS ET D'ALBERT,

Entre lesquelles de Lucas, il y a quelques pieces originales, & d'autres qui ont esté gravées apres ses desseins. Les copies de Lucas sont pour la pluspart d'Herman Muller: Et de celles d'Albert, il y en a du Maistre aux Chandeliers, & de Hierosme VVirix. En tout 115.

CCLXIX. PORTRAITS

De Pierre Daret, & de Baltazar Moncornet, au dessous desquels les eloges de la vie sont escrits, au nombre de 265.

CCLXX. ANATOMIE.

Un livre intitulé, *Pinax Mocrocosmographicus, in quo certissimum Anatomiæ Compendium proponitur, authore Stephano Michaële Spachero Tirolensi artificiose sculptus à Cornelio Danthero*, à Amstredam 1634.

Autres pieces d'Anatomies gravées par divers Maistres, J. Blanchin.

Autre livre d'anatomie intitulé, *Andreæ Vesali Bruxellen-*

*sis Medicorum Patavinæ Scholæ Professoris, suorum de humani corporis fabrica librorum Epitome*: imprimé à Basle, où se voit le Portrait de l'Auteur, qui fait une dissection dans une excellente figure en bois, & en suitte à la fin du 6 Chapitre, où il est representé à l'âge de 28 ans en 1542 d'un Maistre qui ne marque point son nom. Et les figures anatomiques sont aussi en bois.

A ces figures en sont ajoutées d'autres d'une gravure fine aussi en bois de l'année 1533, sans nom d'Autheur. Il y en a 58, quelques-unes marquées par une Croix de Loraine. C'est en tout 80 figures.

CCLXXI. P. PAUL RUBENS.

Il a deja esté fait mention de cét Autheur, & c'est icy la seconde partie de l'œuvre de cét excellent Peintre, où il y a 85 pieces.

CCLXXII. JEAN BOULLANGER.

Ce que j'ay recueilli de l'œuvre de ce Graveur consiste en 69 pieces, qu'il a faites, partie de son invention, & partie apres N. Loyr, S. Villeguin, Jean François Cordelier, le Fevre, Alb Flamen, Georges Perroteau Cordelier, Philippe Champagne, Gribelin, François Chauveau, Ch. le Brun, S. Voüet, François Tortebat, Jacques Stella, J. le Blond, P. Mignar, S. François de Tours, le Valentin, L. Baugin.

NICOLAS REGNESSON,

Graveur considerable de la ville de Rheims, & beaufrere de Robert Nanteüil, a fait plusieurs pieces de son invention, & il en a gravé d'autres apres Jacques Stella, Ph. Champagne, Fr. Chauveau, les Baubruns, Moilon, J. Hilart, C. le Brun, J. Rodolphe. Il y a 77 pieces.

JEAN L'ENFANT

D'Abbeville, Disciple de Claude Melan, a gravé aussi plusieurs pieces qu'il a faites de son invention, ou apres les dessins de Nicolas de la Fage, le Guide, N. Blasset Architecte, J. Dieu, C. le Fevre, Verspronck, L. Ferdinand, Ch. le Brun, B. D. Ponchel, Raphaël d'Urbin, N. Loyr, Frere Luc Recolet, P. Facin, Carrache, H. Van Balen, Fridio, Simon Voüet, Fr. Chauveau, de la Mare, Annibal Carrache, Alexander Casolanus, Jean de Gaudebout d'Abbeville Geographe & Mathematicien du Roy en 1659, aagé de 38 ans. Il y a 118 pieces

C'est dans tout de volume 264 pieces.

CCLXXIII. FRANÇOIS POILLI

D'Abbeville, qui travaille aujourd'huy avec beaucoup de succez, a fait plusieurs choses de son invention, & en a fait aussi quelques-unes apres les dessins du Chevalier Jean Laurent Bernini, du Guide, de Charles le Brun, de Simon François, de Sebastien Bourdon, de Raphaël d'Urbin, de Joseph de Ribera dit l'Hespagnolet, de Michel Corneille, de P. Mignar, de Ph. Champagne, L. Baugin, Jacques Blanchar, Jacques Stella, J. Cotelle, J. Nocret, Louys Ferdinand, François Romanelle, Jean Baptiste Champagne, Salvator Rosa, C. Maratti, & Alphonse Fraxinet. Il y a en tout 130 pieces.

CCLXXIV. NICOLAS POILLI.

Celuy-cy, frere de François Poilli, est aussi un fort bon Graveur en taille douce, & n'a pas seulement fait des pieces de son invention, mais il en a fait encore plusieurs apres Ph. Champagne, Nicolas Mignar, C. le Fevre, Lens, Stresor, le Pere Georges Cordelier, le Guide, Jacques Stella, F. Romanelle, M. Corneille, Fr. Chauveau. Il y en a icy 63 pieces.

CCLXXV. ROBERT NANTEÜIL,

De la Ville de Rheims, qui s'est acquis, par l'excellence de son burin, & par sa suffisance, toute la reputation que chacun sçait qu'il a meritée. Il a fait plusieurs Portraits de son pur dessin, & en a gravé aussi quelques-uns apres Fr. Chauveau, Ph. Champagne, N. & Pierre Mignard, Ch. le Brun, J. Nocret, F. Cabouret, S. Bourdon, Juste d'Egmont, Ferdinand, Van mol, le Pere Antonin, les Baubruns, Jean Daret, & Dieu. Il y a icy en tout de luy 181 pieces.

CCLXXVI. LE LIVRE DE L'ENTRE'E DU ROY

A Paris avec la Reyne son Epouse le 26 d'Aoust de l'année 1660, & imprimé à Paris en 1662, lequel est enrichi de figures de Fr. Chauveau, de Jean Marot, & de Nicolas Cochin. Il y en a 22.

---

CCLXXVII. LES VIEUX MAISTRES.

CE Volume de vieux Maistres consiste en 478 pieces, plusieurs desquelles n'ont ni marque ni nom, par où ils se peussent reconnoistre, & de plusieurs encore dont nous avons les marques, les noms sont inconnus. Il y en a donc icy jusques à 32 Maistres differents.

*Donati Rasciotti.* Un Maistre qui a quelque chose de la maniere de Maistre Roux, pour un Alphabet figuré.

Il y en a aussi un autre sans nom, fort ancien, pour des lettres figurées de l'Alphabet.

Noël Garnier, pour un autre Alphabet, & pour d'autres pieces grotesques.

N. M : Nicolo Romano : D. MAR. V: AB: E: Guerino dit Meschi : Bosche, & autres sans nom, 231 pieces.

Pierre Huijs : B, M. & un autre encore dont la marque se mettra ailleurs. 51 pieces.

Jules & Dominique Campagnole en 1507, & 1517. 31 pieces.

Nicolas de Modene, & autres Maistres, qui marquent leurs noms par des chiffres que nous ferons graver. En tout 458 pieces.

CCLXXVIII. MARTIN CHON MAISTRE D'ALBERT,

Sans aucun datte, qui marque ainsi son nom avec une M antique, une croix cintrée par le bas, & une S. Mattheus Zagel, dont le chifre est d'une M & du Z antique.

Un autre qui marque ainsi le sien par un Z antique, & par un A, & des Maistre au Nom de Jesus, ont fait plusieurs pieces tres-rares, que j'ay recueillies dans ce volume au nombre de 213.

CCLXXIX. ISRAËL VAN MECK BOECKOLT.

Nicoletto, ou Nicolo da Modena en 1512.

Perjeconter en 1539, dont la marque est composée d'une S & d'un P.

J. F. Orfevre Florentin.

Le Doino.

Jean Antoine de Bresse en 1507. JO. AN. BX.

Frere Jean Marie de Bresse Carme, en 1502.

Et le Micarino, ont fait aussi plusieurs pieces anciennes dans ce volume au nombre de 391 pieces.

CCLXXX. LE MAISTRE À L'ESTOILLE.

Geofroy du Montier.

Joannes Duvet dit le Maistre à la Licorne.

Le Maistre au nom de Jesus.

Baltazar Scheman.

Rambout Vanden Hoye.

T. Cockſonus Viſchem, le Maiſtre qui compoſe ſon chiffre par une H, un C & une F.

Les Maiſtres aux Chandeliers.

Jean Holbein.

Deſſins de Len Chin de l'an 1525, leſquels ſont tres-conſiderables, & autres pieces de Benedette Montagne, & de vieux Maiſtres ſans nom, leſquelles ſe trouvent rarement au nombre de 310.

CCLXXXI. LES MAISTRES AUX CHANDELIERS,

C'eſt à dire, D. Hopfer, Hieroſme & Lambert Hopfer, qui marquent leur nom avec un chandelier.

Philippus Adler Patricius en 1518.

Z. VVott : VVA :

N H xxiiij. Hieronymus Mocetus, & MAÏR. en 1499

Ont fait pluſieurs pieces, leſquelles ſont maintenant tres-rares, & qui ſe trouvent dans ce volume d'une beauté ſinguliere au nombre de 281.

CCLXXXII. ROBETTA.

Le Maiſtre à l'Oiſeau.

Le Maiſtre au Caducée.

Guereverdinus & HCF.

Dorich Van Staren, qui eſt le Maiſtre à l'Eſtoille, &

Le Maiſtre à l'Eſcrevice,

Ont fait auſſi pluſieurs pieces recueillies dans ce volume, leſquelles ſont toutes rares & cheres, excepté celles de Guereverdinus, qui ſont en petit nombre, & le tout ſe monte à 229 pieces.

CCLXXXIII. LUCAS CRANIS,

Et un autre Maiſtre en Bois, qui marque ſon nom par un j, deux V renverſez ſur un autre droit, & un A Gottique, ont fait pluſieurs pieces, dont il y en a plus de la moitié tres-rares, au nombre de 316.

CCLXXXIV. STOLTZHIRS,

Le Maiſtre à l'Eſcreviſſe, le Maiſtre à l'A briſé, celuy des deux HH & d'une troiſieſme diviſée, au deſſous de laquelle eſt un dard, celuy de l'S qui s'entrecoupe avec un T, un autre qui joint une F avec une M, le Maiſtre aux Paelles croiſées, aux beſches miſes en bande, celuy qui porte une H antique, avec une S, celuy du P S, celuy de l'A & de l'L dans un V, le Maiſtre à la dagué, celuy des deux VV l'un dans l'autre avec une H, & Lucas Cangiage. Tout cela en eau forte, & en bois, toutes pieces assez rares au nombre de 444.

CCLXXXV. VIEUX MAISTRES EN BOIS, Tome 2,

Dont les noms sont marquez par le C & l'S dans une H, ou dans un V par un A brisé, & par deux A Gottiques l'un dans l'autre.

François Van VVeije, & autres, au nombre de 508 pieces.

CCLXXXVI. PIECES SANS MARQUE, SANS DATTE,

Et sans nom de Maistre, & outre celles-là, des pieces de Hans Bresank, Hans Baldung, & Hans Burgkmair, marquées par des caracteres singuliers.

D'autres marquées par un C, & par une crosse croisée.

Jacques Kerver.

J. R. Jean Major Eckius, RVV. PE.

Melchior Lorichius, ML.

Jost Amman.

MB. & HL. & autres.

De tous lesquels j'ay recueilli 598 pieces dans ce volume.

CCLXXXVII. JACOB BINCKS ET

Holbeins, qui marquent leurs noms par des caracteres antiques, I. B. & H. C. contenant 385 pieces.

CCLXXXVIII. UN LIVRE DE 38 VIEUX MAISTRES,

Du nombre de ceux qu'on appelle petits Maistres, où il y en a de Cor Met, & les autres ne marquent leurs noms que Par des caracteres antiques & bizarres, dont les figures se verront autre part.

Là est celuy qu'on appelle le petit Albert, c'est Andreas Andreassi de Mantouë. De tous lesquels vieux Maistres j'ay recueilli dans ce volume 507 pieces.

CCLXXXIX. UN LIVRE DE 122 VIEUX MAISTRES,

Dont au moins tous les noms sont marquez par autant de caracteres differents, entre lesquels sont le Maistre au Pot, celuy qu'on appelle à la Ratiere, le Maistre à la Sauterelle, celuy au Compas, le Maistre au Boisseau, au Nom de Jesus, à la chausse trappe, & outre ceux-là, Hans Brosamer, Na-dat qui est la sourissiere, Cormet, Abraham de Bruyn, Pierre Huijs, Jean Kelertaler, Melchisedeck Van Hoeren, Hans Van Culmach, Gabriel Schulsselberger, J. de Mer, Hans Lisfrinck. De tous lesquels Maistres jay

R

recueilli dans ce volume 454 pieces.

CCXC. VIEUX MAISTRES EN BOIS,

Dont quelques-uns sont tres-rares, & la pluspart n'ont ni nom, ni chiffre, ni datte, excepté celuy qui marque ainsi ses pieces, VG. Ce volume de 236 pieces.

CCXCI. VIEUX MAISTRES. Et entre autres

Celuy qui marque ses pieces par un Navire. Il y en a de P. Voëriot, d'Israël Van meck, de Martin Chon, & autres anciens Graveurs & Dessinateurs au nombre de 176.

CCXCII. jusques à CCXCV.

Quatre volumes d'ouvrages en bois d'anciens Maistres d'Italie, d'Alemagne & de France, sans nom, sans datte & sans chiffre, le premier volume contenant 276 pieces.

Le second d'un Maistre d'Alemagne, de l'année 1548, contenant 168 pieces.

Le 3. d'autres Maistres dAlemagne, où il y a des figures d'Holbeins contenant 132 pieces.

Le 4. de Maistres de France, où il y a des copies de la vie de la Vierge d'Albert en bois, contenant 91 pieces.

Le tout ensemble faisant le nombre de 667 pieces.

CCXCVI. & CCXCVII.

Deux livres de Tournois en Aleman, l'un en vers & l'autre en prose, l'un & l'autre tres-rares, contenant deux cent figures en bois fort bien dessinées: le premier livre intitulé, *Les faits & gestes de l'avantureux Heros & Chevalier Teuvrancks*, 200 pieces.

CCXCVIII. & CCXCIX.

Deux livres d'Architecture, l'un en bois & l'autre gravé à l'eau forte. Le premier contenant 58 figures, & le second qui porte pour titre: *Le Gouvernail d'Ambroise Bachet Capitaine Ingenieur du Roy, pour conduire le curieux de Geometrie en perspective, dans l'Architecture des fortifications, machines de guerre, & plusieurs autres particularitez*, imprimé à Melun en 1598, il contient plus de 100 figures. En tout 158 pieces.

CCC. jusques à CCCIV.

Cinq volumes d'Architecture, les deux premiers par Philbert de Lorme Lionnois Architecte, Conseiller & Aumonier ordinaire du Roy Henry II. & Abbé de S. Eloy les Noyon & depuis Abbé de S. Serge d'Angers. Le premier volume imprimé à Paris chez Frederic Morel en 1561. Et le ſecond au meſme lieu en 1567. l'un & l'autre contenant diverſes figures en bois.

Le 3 volume de Sebaſtiano Serlio Bologneſe, traduit par Jean Martin, Secretaire de Monſieur le Cardinal de Lenoncourt, imprimé à Paris chez Michel Vaſcoſan en 1547, contenant pluſieurs figures en bois.

Le 4 volume eſt des Regles generales de l'Architecture ſur les cinq manieres d'Edifices ſelon Vitruve, de Sebaſtien Serlio. Là meſme ſont adjoutées les corniches de Jacques Androüet du Cerceau.

Le 5 volume eſt d'André Palladio, mis en François, enſuitte dequoy eſt adjouté un traité de cinq ordres d'Architecture, il eſt parlé des conſtructions des maiſons particulieres, des grands chemins, des ponts, des places publiques, de Xyſtes, des Baſiliques, & des Temples. Ce livre imprimé à Paris chez Edme Martin en 1650, contenant pluſieurs figures en bois.

## CCCV. VITRUVE.

Les dix livres d'Architecture de Lucius Vitruvius traduit du Latin en Italien avec des Commentaires & des figures, par Ceſar Ceſariano Citadin de Milan, & Profeſſeur en Architecture, avec le Commentaire de Dom Auguſtino Gallo *Citadino Comenſe e regio Referendario in epſa Citate, & del nobile D. Alviſio da Pirovano patricio Milaneſe*, dedié au Roy de France François I, & imprimé en 1515.

## CCCVI. VITRUVE.

Marc Vitruve Pollion Autheur Romain antique, traduit en François par Jean Martin Secretaire de Monſieur le Cardinal de Lenoncourt, dedié au Roy Henry II, & imprimé à Paris en 1572. Ce volume enrichi de pluſieurs figures en bois.

## CCCVII. ARCHITECTURE.

Traité de l'Architecture ſuivant Vitruve, dont les figures ont eſté deſſinées par Maiſtre Jean Mauclerc ſieur du Ligneron Mauclerc, où ont eſté adjoutées les diverſes meſures & proportions des fameux Architectes le Scamozzi, le Paladio, & Vignole, mis en lumiere par Pierre Daret Graveur du Roy, imprimé à Paris chez le meſme Daret en 1648.

## CCCVIII. LE VIGNOLO.

Les regles des cinq ordres d'Architecture par M^re Jacques

Barozio de Vignolo d'une nouvelle traduction, à Paris chez Pierre Mariette en 1635. contenant plusieurs figures.

CCCIX. LE MUET,

La maniere de bien bastir pour toutes sortes de personnes par Pierre le Muet Architecte du Roy, & conducteur des dessins des fortifications en Picardie, livre imprimé à Paris chez François l'Anglois en 1647, contenant plusieurs figures.

CCCX DOMINIQUE FONTANE, Architecte du Pape.

Son livre de la transposition de l'Obelisque du Vatican pour le Pape Sixte V. livre imprimé à Rome en 1590, & gravé par Natalis Boniface da Sibenico, ce livre contenant 39 pieces.

CCCXI. SALOMON DE CAUS,

Ingenieur & Architecte de son Altesse Palatine Electoriale, a fait imprimer trois livres des Raisons des forces mouvantes, avec diverses machines utiles & plaisantes, où sont joints plusieurs dessins de grottes & de fontaines, & autres curiositez, où il a employé plusieurs figures, cét ouvrage imprimé à Francfort en 1615.

Dans ce mesme volume est aussi le Theatre des instruments Mathematiques & Mecaniques de Jacques Besson Dauphinois de Mathematicien, avec l'interpretation des figures par François Beroalde, livre imprimé à Lyon en 1578.

CCCXII. LEONARDO DA VINCI.

Traité de la Peinture de Leonard de Vinci, donné avec la vie de cét Autheur, par Raphaël du Fresne, avec le traité de la statuë de Jean Baptiste Albert Florentin, & la vie du mesme imprimée à Paris en 1651.

CCCXIII. POMPES FUNEBRES

De l'Empereur Charles V, & d'Albert Archiduc d'Austriche, dessinée par Jacques Francquart Architecte du Roy, & la vie de ce Prince escrite par Erric du Puy, à Bruxelles en 1623.

La pompe de Monsieur de Brederode, de Van Vianen en 1615.

Celle de Frederic second du nom Roy de Dannemarch, par François Hogembergius & Simon Novellan, en 1584.

Ce livre est de 130 pieces.

CCCXIV. POMPE FUNEBRE DU PAPE SIXTE V.

Scritta & dechiarata da Baldo Catani in Roma, Nella stamperia Vaticana en 1591. Ce livre orné de figures de Villamene de Theodore Creuger, apres J. Lanfranc.

CCCXV ONUFRIUS PANVINIUS DE VERONE,

Pour son livre des jeux Circenses, & des triomphes, imprimé à Venise chez Jean Baptiste Ciottus de Sienne en 1600. Il contient 30 pieces.

CCCXXXVI. DIVERS MAISTRES,

Ou pieces de divers Maistres, dont quelques unes sont doubles de Suavius, & de Marc Geraerd.

Il y en a aussi de Jacques Calot, de Charles Bloemaert, de Guereverdinus, d'Aug. Carrache, & Jules Bonasone apres Raphaël; il y en a de Raphaël Sadeler le jeune, de Guill. Vallet apres Antoine Paillet: de S. Bourdon, de Jacques Stella, de M. Ange, de J. Saenredan apres Lucas Jacobus Picinus, le Chevalier Rodulphius, Dionisius Guerius en 1627, Bassunus apres Barth. Genovinus, Greg. de Grassi, G. Sadeler. Il y a en tout 222 pieces.

CCCXVII. & CCCXVIII. DIVERSITEZ D'AMOURS ET DE BACCHANALES.

Ces deux volumes sont composez de pieces de divers Maistres dans le premier, il y en a une seule de Fr. Chauveau, une autre de J. de Bie, le reste est de Saenredan apres Goltzius: de Jules Bonasone, de Cornelius, de J. du Broyes, du Valesio, de J. A. Sirano, de Michel Ange, de Georges Mantuan apres Lucas Penis, Corn. Cort apres Titien, H. Goltzius, P. Scalberge, Leon Daven apres S. Martin, Aug. Carrache, Virgilius Solis, Guereverdinus, Maistre Roux, Corneille Buz, Corneille Cornelis de Harlem, Tintoret, J. Fuller, Cl. Vignon, Odoard Fialetti. Il y a 157 pieces.

Le 2 volume en contient 222 de Caralius, J. F. Florentin Orfevre en 1542. Estienne de Laune, Jacques Calot, Jules Bonasone, Maistre Roux, Eneas Vicus, Jean Saenredan, Bolsuvvat apres Fr. Parmeson Titien, Silvestre de Ravenne, Bapt. Fontane, Raph. Sadeler, Jules Romain, Lucas Penes, P. Scalberge apres le Scivoli, Gio Andrea podestar, Jacques Mathan apres J. de Rotenhamer, Lucas Vostreman apres le Parmesan, le Maistre à l'Oiseau, Georges Mantuan, Q. Boel, Dominique Campagnole, N.

Mignard apres Annibal Carrache, Moyse, Pierre Scalberge, Raphaël d'Urbin, le Guide, Fr. Parmesan, J. Saenredan apres Goltzius, le Maistre au pot, Ant. Vandick.

Il y a dans ce Tome 222 pieces, & dans tous les deux 379 pieces.

CCCXIX. NICOLAS BRUYN.

C'est icy le recueil de la petite œuvre de ce Maistre, laquelle consiste en 123 pieces, lesquelles il a faites partie de son invention, & partie apres Martin de Vos, & une seule apres Raphaël, qui est la Sainte Cecile, à quoy j'ay adjouté la passion de Goltzius pour la conferer avec la sienne, ayant beaucoup de ressemblance l'une avec l'autre.

CCCXX LES MEDECINS.

Les Portraits des illustres Medecins avec des vers Latins au dessous de chaque figure. Il y a 53 pieces.

CCCXXI. jusques à CCCXXV.

Cinq volumes de diverses pieces doubles recueillies sur plusieurs sujets. Le premier de matieres saintes au nombre de 346.

Le 2 volume est de pieces melangées au nombre de 538.

Le 3 volume de pareils melanges est de 631 pieces rebutées de divers Maistres, tels que Jeronimus Formischneyder, Corneille Buz & autres.

Le 4 volume de diverses testes, medailles antiques & autres pieces melangées au nombre de 147, a esté composé d'Autheurs differents.

Le 5 volume est de pieces d'Architecture, & de quelques autres sujets de divers Maistres. Un livre d'Architecture Alleman de Jacob Suctheysen imprimé à Strasbourg en 1596. Les portiques de Jacques Androüet du Cerceau. Jacobus Jongelingius excellent Statuaire, qui vivoit en 1580, H. Goltzius, Virg. *Solis Alde grave, & autres.* Il y a 181 pieces. Et dans tous les cinq volumes 1843 pieces.

CCCXXXI. SAINTS MARTYRS.

Ce volume contient divers livres d'images de SS. Martyrs.

Un livre intitulé, *Ecclesiæ militantis triumphi, &c.* imprimé à Rome en 1585, les pieces gravées par Jean Baptiste de Cavaleris, apres les Peintures de Nicolas Circinianus, lesquelles se voyent dans l'Eglise de Sainte Marie la Rotonde à Rome. Ce livre de 31 pieces.

Un livre intitulé, *Ecclesiæ militantis triumphi, &c.* imprimé à Rome chez Jean Orlandus en 1586 & gravé par Statius Flandrus en 31 pieces apres le mesme Nicolaus Circinianus.

Un autre livre intitulé, *Ecclesiæ Anglicanæ trophæa sive passiones Romæ in Collegio Anglicano per Nicolaum Circinianum depicta*, & imprimé à Rome en 1584, chez Bartholomeus Grassius, les figures gravées par Jean Baptiste de Cavallerijs, au nombre de 36 pieces.

Jacobus Laurus, pour un autre livre de SS. imprimé à Rome de 14 pieces. Il y en a aussi de singulieres de Camillus Grasicus, d'Adrian Colart, de Venceslas Hollar, de Raphaël Schiaminose, de Corneille Galle, apres Lucas Ciamberlanus, de Gironima Piscina, pour un livre de Vierges Martyres de 21 pieces en 1613.

Autre livre de Vierges Martyres, d'Antoine Tempeste, de 73 pieces. Il y en a 4 du Guerchin, & encore 22 d'autres Maistres. En tout 258 pieces.

CCCXXVII. SAINTS DEBOUT,

De divers Maistres des Pays-Bas d'Abraham Diopenbeck par P. Pontius, de C. Van Queborem apres H. Van Balen, d'Alexandre Voët, apres Corn de Vos, de Corneille Galle apres E. Quellins, de P. Baliu, de Jacques Neefs apres Th. Van Tulden, de Conrad VVaumans apres Rubens, de Martin Borrekens apres P. Paul Rubens, de B. Bolsuvvert, de Corn. Galle le jeune, de Mich. Natalis, de Jean Thomas, d'Ant. Vandick de Pierre Van Avont. d'Arnoldus Loemans, de Gerard Segers de Ph. Fruiters, & de P. de Jode. Il y a 288 pieces.

CCCXXVIII. & CCCXXIX. MICHEL L'ASNE.

Ce sont les deuxiesme & troisiesme volumes de cét Autheur, dont il a esté parlé sous le nombre CXXVII.

CCCXXX. FRANÇOIS CHAUVEAU.

C'est icy le second volume des œuvres de ce Maistre dont il a esté parlé sous le nombre CXXXIII.

Il faut aussi ranger icy l'œuvre de Thomas de Leu.

CCCXXXI. jusques à CCCXXXIV. GOLTZIUS ET ANTONIUS AUGUSTINUS.

Les 3 premiers volumes sont de Hubert Goltzius, le premier, qui est des Medailles des Empereurs en clair obscur, avec l'histoire de leur vie en François de l'an 1557, & contient 134 pieces.

Le 2 volume est intitulé, *C. Iulius Cæsar, sive historia Imperatorum Cæsarum Romanorum ex antiquis Numismatibus restituta, liber primus Huberto Goltzio Hebbypolita Venloniano Auctore & Sculptore*, imprimé à Bruges en 1563. Il y a 46 pieces en taille douce.

Le 3 volume est intitulé *Fastos Magistratuum & triumphorum Romanorum ab urbe condita ad Augusti obitum ex antiquis monumentis restitutos, Hubertus Goltzius Herbipolita Venlouianus dedicavit* : imprimé à Bruges en 1566. Il contient 234 pieces.

Le 4 volume est intitulé, *Antonij Augustini Archiepiscopi Taracon. Antiquitatum Romanorum & Hispanarum in nummis veterum dialogi XI latinè redditi ab Andrea Schoto Soc. Ies.* Les Images des monnoyes gravées par Jacques de Bie, & le livre imprimé à Anvers en 1617. Il y a 70 pieces. Ce sont en tout 484 pieces.

CCCXXXV. & CCCXXXVI. ALBERT DURER.

Deux volumes d'Albert Durer, le premier intitulé : *Alberti Dureri clarissimi Pictoris & Geometræ de Symetria partium in rectis formis humanorum corporum libri in latinum conversi*, imprimé à Nuremberg aux despens de la veufve d'Albert en 1534, lequel Albert mourut le 6 jour d'Avril 1528, estant aagé de 57 ans. Ce livre contient 120 pieces taille de bois.

Le 2 volume intitulé, *Alberti Dureri institutionum Geometricarum libri quatuor*, est imprimé à Arnhem dans le Duché de Gueldres chez Jean Janson en 1606. & contient plusieurs figures en bois.

CCCXXXVII. LES PLUS BELLES VILLES DU MONDE.

Les Portraits en sont recueillis dans ce volume intitulé, *Le vere imagini & descritionis delle piu nobili citta del mundo*, imprimé à Venise chez Donatus Bertellus en 1569. Ce Recueil fait par Giulio Ballino, contient 71 pieces.

CCCXXXVIII. EPISTRES ET EVANGILES en Italien avec des figures en bois, ce livre infol. imprimé à Venise en 1570. Il y a 141 figures tres-rares.

CCCXXXIX. VENIZE.

C'est à dire, les habits qui se portent à Venise, avec les festes & les ceremonies publiques de cette ville-là. Ce livre imprimé à Venise chez Giacomo Franco contient 19 figures.

CCCXL. TITE-LIVE ET FLORUS

En Aleman avec des figures imprimées à Strasbourg par Theodosius Rihelius en 1571, les figures exquises en bois au nombre de 116, quelques-unes desquelles portent la marque de Vischem.

CCCXLI LES HESPERIDES.

Ce volume porte pour titre: *Hesperides, sive de malorum Aureorum cultura & usu libri quatuor Io Baptistæ Ferrarij Senensis e societate Iesu*, imprimé à Rome en 1646, & contient plusieurs figures de Fred. Greuter apres P. de Cortone, de Corneille Bloëmart apres François Albane, François Perier, Pierre Paul Ubaldin. Il y en a aussi de Camillus Cungius apres Philippe Gagliard, de Claude Goyrand, & quelques-unes apres Nicolas Poussin, Andrea Sacchi Romain, Dominico Zamperi, le Guide, & François Romanelle. En tout 90 pieces.

CCCXLII.

Magnificence pour l'entrée, la bienvenuë & les Nopces de la Serenissime Princesse Christine de Loraine Grand'Duchesse de Toscane. Ce livre en Italien imprimé à Florence en 1589, où il y a 61 figures de divers Maistres, lesquels sont nommez dans l'histoire des Peintres que j'ay dessin de mettre en lumiere, sçavoir Raphaël Gualderotti: Giovan Maria Butteri: Francesco Mati, Lorenzo Sciorini: Lodovico Gardi: Andrea Commodi: Alessandro Allori: Lorenzo di Berlincione: Gabrielo Ughi: Giovanni Antonio Dosi Architetto: Cosimo Gamberucci: Cosimo Dati: Valerio Marucelli: Giovanni Cosci: Domenico Passignani: Giovanni Cosci: Giovanni Caccini; santi Titi. Architetto: Antonio Boschi: Goro Pagani: Andrea Boscoli: Camillo Pai: Andrea Verrochi: Francesco Terzo: Simon da Poggibonzi: Stephano Pieri, Battista Lorenzi: Pietro Francavilla Statuario: Domenico Passignani: Giovanni Caccini: Gio Batta Paggi Gonovese Scultore: Taddeo Landini Scultore: Giovanni Strada Pittore: Girolamo Maccheri: Alessandro del Barbieri, Benedetto Velli: Valerio Cioli Scultore: Christophano de Braxiano Scultore: Lodovico Buti: Giovan Antonio Dosi Architetto: Bernardino Poggetti Pittore: Michel Agnolo Ciampanelli Pittore.

CCCXLIII. FRANÇOIS PETRARQUE,

Deux livres de François Petrarque, des remedes & de

conseils, dans les choses prosperes & dans les adversitez, traduit en Aleman avec des figures, & imprimé à Francfort sur le Mein, chez les heritiers de Christian Genolff en 1572. Il y a 177 pieces.

CCCXLIV. DEVISES.

Un livre intitulé, *Theatrum temporaneum æternitati Cæsaris Montij Cardinalis & Archiepiscopi Mediolanensis*, qui sont toutes devises sur les actions de la vie de ce Cardinal. Ce livre imprimé à Milan en 1636, & les figures gravées par Gio Paolo Bianchi à Milan, apres Riccius Taurinus il y en a 60.

CCCXLV. LE SERRURIER.

Un livre qui porte pour titre, *Le fidele Serrurier*, par Mathurin Jousse de la Fleche en 1627. Il y a 52 pieces gravées par l'Auteur du livre.

CCCXLVI. LA MAISON URSINE.

L'Histoire de la Maison Ursine par Francesco Sansovino, où il y a 16 Portraits des illustres de cette maison. Ce livre imprimé à Venise en 1565.

CCCXLVII. CCCXLVIII. & CCCXLIX. ENTRÉES DE VILLES.

Trois livres d'entrées de Villes, où il y a des figures. Le premier de Mr François Fils de France, Duc de Brabant, d'Anjou, d'Alençon & de Berry en sa ville d'Anvers en 1582, imprimé à Anvers chez Christofle Plantin, & contient 22 figures.

Le 2 est intitulé, *Le triomphe d'Anvers fait en la susception du Prince Philips Prince d'Espagne, Fils de l'Empereur Charles V, en l'année* 1549. Ce livre est traduit du Latin de Cornelius Grapheus, & contient 24 figures en bois bien gravées & bien dessinées.

Le 3 est le voyage du Roy à Metz, avec les signes de réjoüissance faits par ses Habitants, pour honorer l'entrée de Sa Majesté, c'est à dire, du Roy Henry IV par Abraham Fabert en 1610. Ce livre orné de 19 figures dessinées & gravées par Alexandre Vallée. En tout 65 figures d'entrées.

CCCL. LE SONGE DE POLIPHILE.

Ce livre imprimé à Paris par Jacques Kerver en 1561, contient 128 figures en bois du dessin de Raphaël d'Urbin.

CCCLI. & CCCLII. GUILLAUME DU CHOUL, Gentilhomme Lionnois, Conseiller du Roy, & Baillif des Montagnes de Dauphiné, pour ses livres de la castrametation & discipline militaire des Romains, & de la Religion des anciens Romains, imprimez à Lion chez Guill. Roville en 1555 & 1556, où il y a 200 figures en bois fort bien dessinées. Ces livres in fol. & de la meilleure impression; car celle qui est in 4° n'a garde d'estre si bonne.

CCCLIII. LUCKIUS.

Joannes Jacobus Luckius Argentorensis, pour son livre de Medailles intitulé; *Sylloge Numismatum elegantiorum, quæ diversi Imperatores, Reges, Principes, Comites, Respublicæ diversas ob causas ab anno 1500 ad annum usque 1600 cudi fecerunt.* Ce livre imprimé à Strasbourg en 1620. lequel est rempli de plus de 100 figures en taille douce gravées par F. B. de l'impression de Petter Aubry.

CCCLIV. ÆDES BARBARINÆ.

C'est à dire, la description du Palais des Barberins à Rome, imprimée à Rome en 1642, contenant 16 figures.

CCCLV. LA NOTICE DE L'EMPIRE,

C'est à dire, *Notitia utriusque Imperij*, &c. imprimé à Basle en 1552, avec des figures en bois.

---

CCCLVI. PETITS MAISTRES EN BOIS.

CE sont plusieurs Maistres, Paul Perrot, J. A. P. Gabriel Faërnus, Jean Aman H B. Jean Feyrabendt, Christofle Vischem en 1530. Celuy qui marque son nom par ces paroles: *Quid vultis mihi dare*, P. V. Borcht, *Iean de Tournes* D. B. C'est le petit Bernard, Hermannus Hugo & G. N. de tous ceux-là nous avons icy recueilli 1175 pieces.

CCCLVII. SADELERTS.

Ce sont les petites pieces de tous les Sadelets, Jean, Raphaël, Gilles, le jeune Raphaël, & les autres. Il y en a jusques au nombre de 580 aprés divers Maistres, & de leur propre invention.

CCCLVIII. VIRGILIUS SOLIS.

Son œuvre en bois & en taille douce est fort nombreuse, & il y a des pieces de luy fort rares entre ses dessins à la plume, j'en ay recueilli en tout 859

CCCLIX. ALDE GRAVE.

L'œuvre de ce Maistre est exquise, & ce que j'en ay pû

ramasser est dans ce volume d'une fort grande beauté. Il y a 350 pieces.

CCCLX. GEORGE PENTS. HISBINS ET HOLBEINS.

L'œuvre de ces Maistres est aussi fort considerable, & se trouvent dans ce volume d'une beauté singuliere. Il y en a 476 pieces.

CCCLLI. LES PETITS MAISTRES.

Ce sont des pieces doubles d'Alde Grave, George Pentz, Holbens, Hisbens, Hispan. Jacob Beins, Cormet, & autres, au nombre de 712.

CCCLXII. FRANÇOIS PERRIER.

J'ay deja parlé de luy sous la cotte cxvj, & cecy n'est que le livre de ses Statuës avec leur contre espreuve au nombre de 197.

CCCLXIII. LA GENEALOGIE DE LA TRIMOILLE,

COmposée par Charles Soyer Genealogiste & Enlumineur du Roy, imprimé à Paris en 1647. de la gravure de Matthieu. Il y a 19 pieces.

CCCLXIV. & CCCLXV. P. PAUL RUBENS.

Il en a esté parlé sous les cottes x & cclxxj.

CCCLXVI. jusques à CCCLXIX. VVIRIX.

C'est à dire Hierosme, Antoine & Jean VVirix, dont l'œuvre est distribué en 4 volumes, le premier contenant 362 pieces, le second 288, le 3. 520, & le quatriesme 410, pieces toutes d'une grande beauté, celles du dernier livre n'estant pourtant que des doubles. C'est en tout 1060. pieces, la pluspart de l'invention de ces Maistres; mais quelques-unes aussi apres Martin de Vos, Jean Stradan, Phil. Galle, & quelques autres.

CCCLXX. RECUEIL DE VIERGES ET DE SAINTS.

De divers Maistres de Flandres, M. Christophori apres Erasme Quellins, Ant. Vander Does, P. de Jode, P. de Baliu, S. Bolsuvvert, Ph. Fruyters, Paulus Pontius apres Jean Van Hoeck, Nicolas Lauvers, Gaspard Huberti, Fr. Parmesan, Pierre de Jode le jeune apres Pierre Van Mol, Marinus, Gerard Segers, A. Bolsuvvert, R. Collin, Mattheus Borreckens, Ælthooren, A. Ællsheimer, Abraham Diepembeck, P. Soutman apres P. Paul Rubens, Richard Collin, P. Firens, Thomas de Leu, Petrus Biverus Maritensis soc Jesu, pour son livre intitulé, *Sacrum Sanctuarium Crucis & patientia Crucifixorum, & Cruciferorum*

*Emblematicis imaginibus laborantium ornatum.* Le nom du Graveur n'y est point marqué, Hier. VVirix, Jacques Callot, VV. Hollar, Lommelin apres Lucas Franchois, Aubertus Miræus de Bruxelles Chanoine d'Anvers, pour son livre de SS. Roys sans nom de Graveur, K. Audran, C. Mellan, Boëce Bolsuvert apres Ab. Bloemaert, Aug. Carrache, Fr. Parmesan, le Guide, Jean Collart apres Martin de Vos, Ch. Mallery. Il y en a 487.

CCCLXXI. AMSTREDAM.

Ce livre est de plusieurs figures & ornements de la Maison de Ville d'Amstredam, la pluspart desquelles ont esté faites de Marbre par Artus Quellinus, imprimé en 1955. Il y a 48 pieces.

CCCLXXII. LA VILLE DE CREMONE,

Avec les Portraits des Ducs & Duchesses de Milan, dessinez par le Cavalier Antonio Campo Cremonese, & gravez par Augustin Carrache. Il y a 42 pieces.

CCCLXXIII. FIGURES EN BOIS

Du livre de la Mer des Histoires, d'un vieux Maistre qui ne marque point son nom, & quelques autres au nombre de 540.

CCCLXXV. PORTRAITS DE PAPES ET DE CARDINAUX.

De divers Maistres, lesquels n'ont point marqué leur nom, au nombre de 235.

CCCLXXVI. PORTRAITS AU VIF

Des Empereurs, Roys, Ducs & Princes de l'Europe, de la gravure de C. Delff. & imprimez à Delff chez Nicolas de Clerck en 1615. Il y en a d'autres encore outre ceux-là, d'un vieux Maistre sans nom, & d'autres encore de Thomas de Leu, de Leonard Gaultier, Simon Passe, & autres au nombre de 300.

CCCLXXVII. DIVERS PORTRAITS

De Princes & autres personnages illustres, de plusieurs Maistres. Il y a en tout 365 pieces.

CCCLXXVIII. PORTRAITS DE DIVERS MAISTRES.

Pierre VVoeiriot Lorrain, qui marque une Croix de Lorraine dans ses Estampes, & dont l'œuvre consiste dans ce volume en 116 pieces. Il y a beaucoup de Portraits dont le nom des Maistres est ignoré: Mais il y en a aussi de G. Giorgi, Remigius Hebert, Jean Hogembert, le Baron, Phil. Galle, Z. B. J. Picquet apres Daniel du Moustier, M. l'Asne, J. P. Blancus, Niner. ADB. Dominique Custos.

IDF. Joseph Malumbra, Lambertus Corneli, Rob. Hogembergius, VV. Hoorst, Corn. Galle, Bernardino Curti, C. Van Cauckercken apres J. Maes, Crispin de Passe, H. Holtzius, Crispijn Van Quebooren, Thomas de Leu apres J. Bunel, Jean Düer, Hender Lember Roghman, Martin DC. à Madrid en 1639. Petrus Isselburg, Fridericus Hulsius Francofordiensis, Marcus Boschinus apres le Chevalier Tivellius, J. Kol, Camillo Grafico, Gio. Antonio Carossio, K. Audran, Herman Muller, Martinus Martini, Seb. Voüillemont, H. Hondius, Matth. Merian de Basle, P. Troschel, J. F. Fleischberger, Jean Sarrugon Peintre, Petter Aubrij, Ren. Lochon, *I. Meyssens*, Sebastianus Furck, D. Van Bremden apres S. Mesdach, S. Bossuvvert, Gio Georgi, Franc. Van Vijngaerde, Lucas Kilian, Eneas Vicus, J. C. B. David, Corn. Van Dalen, Isaac Brun de Peesbourg, Cl. Melan, J. Van Halberd, Felix Paduanus, L. de Jong, Porsyn, Akol, J. Payne, D. Dirichs, Th. de Leu, Fr. Dellarame, Georg. Humble, Jo Georgi, apres Michel de Sobleo, VVilliam Peacke, R. Elstrache, Jeremie Falck apres A Boij, Rob. Vau, Petrus Isselburgius Coloniensis, Bernardo Castello, A Paulus, VVillam Svvan, C. de Malleri apres Daniel Rabel, VVolf Kilian, J. de Courbes, Lucas Vostreman, L. Gautier, Cuunrad Meelberger Jacobus Ficinus, & autres. Il y a en tout 622. pieces.

### CCCLXXIX. DAVID TENIERS.

Son œuvre consiste dans ce volume en 168 pieces, où son Portrait est gravé par Lucas Vostreman le jeune, & Corn. Galle Egbert, Van Paudoren Coryn Boël, Fr. Vanden VVinguerde, Alexander Goubau, Fr. Van Steen, S. VVillemsen, Lisebetten ont gravé apres luy.

S. Savery apres T. Leven Der Boeren Pieter Quast.

VV Vau Valckest, P. Nolpe à Amstredam, C. de VVael Jean Both apres Anderies Both, Jacques d'Assonville, P. Van Laer, Ostade, Corn. Sachtleven.

### CCCLXXX, PIECES EN BOIS

De divers vieux Maistres excellents, dont plusieurs sont sans datte & sans nom. Il y en a aussi de H B. de Franciscus de Nanto, de Jean Brosamer, R. Gabriel Giolto di Ferrari à Venise en 1552. Les figures de l'Alemanna, qui sont excellentes, Jean Agric Spremb. 1562. Albert Durer,

Lucas Cranis, Hans Bins, le Guide, Fr. Parmesan, Rophaël, Titien, le petit Albert, And. Manteigne, & autres. Il y a 243 pieces.

CCCLXXXI. LES HERMITES DE JEAN ET DE RAPHAËL SADELER,

Et les Hermitesses d'Adrian Collart, apres les dessins de Martin de Vos d'une grande beauté. Il y a 138 pieces.

CCCLXXXII. PORTRAITS DE SADELER.

Quelques Portraits de Giles & de Jean Sadeler. 92 pieces.

CCCLXXXIII. LIVRE DE FLEURS

D'Emanuel Svvertius Hollandois. Son livre imprimé à Francfort sur le Mein. Il est composé de 110 pieces.

CCCLXXXIV. JARDINAGES.

Le livre de Jardinage, composé par Jacques Boysseau Escuyer Sieur de la Barauderie Gentilhomme ordinaire de la Chambre du Roy & Intendant de ses Jardins, imprimé à Paris chez Michel Van Lochon 1638. son Portrait y est gravé par Gr. Huret apres A. de VVis, & d'ailleurs l'ouvrage est orné de 56 figures de parterres.

CCCLXXXV. FULVIUS URSINUS.

Avec les additions d'Antonius Augustinus Evesque de Lerida, des familles Romaines par Charles Patin Docteur en Medecine de Paris. Ce livre en Latin imprimé à Paris 1663, & enrichi de fort belles figures, c'est à dire des Portraits des Medailles apres les Portraits du Roy, & de Monsieur Patin, le premier de P. Vanscupen, apres Nic. Mignard, & le second de le Febvre en la suite de la premiere page du dessin de Fr. Chauveau, qui a fait aussi les representations des Medailles en 243 pieces.

CCCLXXXVI. LES TRIOMPHES DE LOUYS LE JUSTE,

Qui est un grand livre de Jean Valdor de Liege escrit en Latin & en François par divers Autheurs en prose & en vers, & orné d'un grand nombre de figures, de Portraits, & devises en taille douce. Ce livre imprimé à Paris chez Antoine Estienne en 1649. Il y a 149 pieces de l'invention de Jean Valdor, & gravées par divers Maistres, qui n'ont pas marqué leur nom.

CCCLXXXVII. LE PONTIFICAL ROMAIN

De Clement VIII. imprimé à Rome en 1595, & enrichi de 151 figures dessinées & gravées de la main de Fr.

Villamene, & de Camillo Grafico.

CCCLXXXVIII. HARTMANNUS SCHEDEL.

C'est le nom de l'Autheur des Chroniques des Chroniques, ou de la Mer des Histoires, qui est un grand volume, où sont force figures en taille de bois, imprimé en 1493.

CCCLXXXIX. ANTOINE DE PLUVINEL.

Sous-Gouverneur du Roy Louys XIII. pour son livre intitulé, *L'Instruction du Roy en l'exercice de monter à cheval*, enrichi de figures du dessin de Crispin de Passe imprimé à Paris en 1626. Il y a 61 pieces.

CCCXC. PORTRAITS EN CRAYON,

Lesquels sont presque tous de Daniel du Moustier, où est aussi son Portrait, mais le premier de Monsieur de Marolles est d'Amedec Vande Lionnois. Il y en a en tout 50.

CCCXCI. DEVISES DESSINE'ES ET LAVE'ES dans des ronds au nombre de 226 pieces.

CCCXCII. L'HISTOIRE NATURELLE DU BRASIL,

Où sont representées plusieurs plantes rares, aussi bien que les animaux qui se trouvent en ces regions là. Ce livre imprimé à Leyden & à Amstredam en 1648.

CCCXCIII. LE NOUVEAU MONDE

De Jean Laët d'Anvers, enrichi de nouvelles Tables Geographiques, & figures d'animaux, de plantes & de fruits.

CCCXCIV. LA NAVIGATION.

De Jean Hugues de Linschot Hollandois dans les Indes Orientales, ornée de Cartes Geographiques, & d'autres figures, le livre imprimé à Amstredam en 1638.

CCCXCV. VOYAGE AUX INDES ORIENTALES,

Enrichi de 51 figures, le livre imprimé à Amstredam en 1598.

CCCXCVI. LA DOCTRINE DES MOEURS.

Par Monsieur le Roy de Gombervile. Ce livre enrichi de 110 figures de Pierre Daret, apres Otho Venius, est imprimé à Paris en 1646.

CCCXCVII. LE JARDIN DE PLAISIR D'ANDRE MOLLET.

Maistre des Jardins de la Reyne de Suede, le livre imprimé à Stocholm en 1651. Il y a 30 figures de jardinages, ou de parterres.

CCCXCVIII. LES DELICES DE L'ESPRIT
De Monsieur DES MARETS.

Ce livre imprimé à Paris en 1658, est orné de 50 figures en taille douce dessinées & gravées par Fr. Chauveau.

CCCXCIX. LE VIRGILE DU LOUVRE,

Orné des figures d'Angleterre, du dessin de Fr. Cleyn, & de VVencessas Hollar, & gravées par le mesme Hollar, & Pierre Lombard. Il y en a 104.

CD. UN AUTRE VIRGILE EN GRAND PAPIER,

Et relié en Maroquin de Levant, aussi bien que le Temple des Muses de pareille relieure, & du plus beau papier qui se puisse employer à des livres. Et le Philostrate de l'impression d'Abel l'Angelier, où il y a plus de 130 figures dans tous les trois volumes de divers Maistres.

CDI. jusques à CDV.

Cinq volumes de Bestes, d'Oyseaux, de Poissons, & d'Insectes, le premier l'Histoire des Poissons de Guill. Rondelet avec leurs Portraits, imprimé à Lion en 1558.

Le Second des Oyseaux de Pierre Belon du Mans imprimé à Paris en 1555.

Le 3 volume des Bestes & des Oyseaux, imprimé à Zurich chez Christofle Froshover en 1560.

Le 4 de 60 figures d'animaux enluminées, imprimées à Zurich en 1553.

Le 5 d'insectes, & d'autres animaux, imprimé à Strasbourg en 1546.

CDVI. LA DESCRIPTION DE TOUS LES PAÏS-BAS

Par Messire Louys Guichardin Gentilhomme Florentin, avec les Cartes Geographiques desdits Païs, & plusieurs Portraits de Villes tirées au naturel. Ce livre imprimé à Anvers, de l'Imprimerie de Christofle Plantin 1582.

CDVII.

Statuts de l'Ordre de Malthe, du temps du grand Maistre Verdale, qui fut fait Cardinal par le Pape Sixte V. Ce livre contient 39 figures de Phil. Thomassin.

CDVII. LES PORTRAITS DU PADOUAN

D'une grande beauté. Il y en a 31.

CDIX. CDX. CDXI. LES SADELERTS.

Trois volumes des Sadelerts apres divers Maistres, & de leur propre invention. Le premier contenant 230 pieces. Le second 111 pieces. Et le 3 les SS. de Bavieres au nombre de 165. En tout 486.

CDXII. CDXIII. GIOVANNI FERRO.

Deux volumes d'Imprese di Giovanni Ferro imprimez à Venise en 1623, & dediez à l'illustre Cardinal Barberin, depuis Pape Urbin VIII, contenant plusieurs figures, la pluspart gravées par Gaspard Grispoldi.

CDXIV. DEVISES

De Didacus Savedra Faxardus Eques dans son livre in fol. imprimé à Bruxelles en 1644. Il y a cent figures de J. Danoot apres Erasme Quellins.

CDXV. MATTHIEU MERIAN

Peintre, dessinateur, & Graveur de Basle, pour un recueil de Cartes Geographiques & de villes d'Alemagne, & de divers autres païs, où il y a 500 pieces.

CDXVI. RECUEIL DE DIVERSES PIECES DE SADELER, Stradan, Martin de Vos, Adrian Collart, Henry Goltzius, Hierosme VVirix, Martin Hemsckerc. Ces pieces d'une grande beauté, pour des sujets pieux dans un livre marqué des Armes de Monsieur le Cardinal de Bourbon, lequel contient 213 pieces.

CDXVI.

*Natalis in Evangelia*, avec les figures de VVirix.

CDXVII. & CDXVIII. GABRIEL PERELLE.

Il a deja esté parlé de luy sous la cotte clxxix, & ces deux volumes de differente grandeur, reliez en veau, contiennent le premier 158 pieces, & le second 339 pieces. C'est en tout 497.

CDXIX. UN LIVRE ITALIEN DE LA TERRE SAINTE

Dont les figures ont esté dessinées & gravées par Jacques Callot, imprimé à Florence en 1620, avec 52 figures en taille douce.

CDXX.

Grotesques au sujet de divers Proverbes recueillies dans un livre par Jacques Lagniet, où il y a 209 pieces.

CDXXI. & CCDXXII. JEAN LE PAUTRE.

Il a deja esté parlé de luy, & ces deux volumes de diverse grandeur, reliez en veau, contiennent, le premier 328 pieces, Le second 260. C'est en tout 588.

CDXXIII. CDXXIV. PAÏSAGES.

Deux volumes de petits païsages de divers Maistres: c'est à dire, pour le 1 volume de Matthieu Merian, au nombre de 219 pieces, & pour le second de Alb. Flamen, Laurent de la Hire, Daniel Rabel, Perelle, Matthias Bril. H. Hondius, Claes Janss. Visscher, Nicolas Jean Pescheur, M. Van Voterbroeck, J. Van Velde, Hanc Bol, Edouard ab Hoesvvin, Adrian Collart, & autres au nombre de 284. C'est en tout 503.

CDXXV. PAISAGES D'ANTOINE VVATERLO,

Au nombre de 153 reliez en veau.

CDXXVI. ANIMAUX

De divers Maistres, Pierre di Laer, D. Stoop, J. Visscher apres P. Borghen, Friderick de VVidt, *Frideric Hen Dricksen*, Gio Fyt, en 1642 *C. Picken Hagen*. C. P. Berghen 1644, Nicolas Berchem, Paulis Potter 1650, *Clement de Ionghe*, Albert Flamen, Franciscus Barlovius Anglus, R. Persyn, Nicolas Jean Vischer 1641 B. Bolsuyvert apres A. Blomar. Il y a 256 pieces.

CDXXVII. LES METAMORPHOSES DE BAUR.

Jean Guillaume Baur a fait à Vienne un livre des Metamorphoses d'Ovide de 150 pieces.

CDXXVIII. & CDXXIX. ISRAËL SYLVESTRE.

Il a deja esté fait mention de luy sous la cotte clxxviij. Et ces deux volumes reliez en veau de diverse grandeur, contiennent le premier 372, & le second 333 pieces, & le tout ensemble 704.

CDXXX. VAISSEAUX ET PAÏSAGES MARITIMES.

Ce volume qui en contient 104 Estampes, est composé de divers Maistres R. N. Zeeman à Amstredam, Remi ou Reinier Zeeman 1652, S. Savery, à Amstredam.

CDXXXI.

Païsages de Herman Van Suanevelt, & de H. Mauperché, au nombre de 91 pieces.

CDXXXII. PAÏSAGES DE J. FOUQUIER.

Arnolde Jode apres J. Fouquier, & Loys de Valdor, Pieter Nolpe apres Adrian Van Nieuland, Antoine VVaterloo, Lucas Van Uden, Lucas Vosterman apres L. de Valdor, L. Van Aken *Clement de Ionghe*, Jean Hadlaert, Mauperché, la Belle, Joannes Majus 1595, & autres, au nombre de 129.

CDXXXIII. ANIMAUX.

De divers Maistres, Gaivood apres F. Barloivv a Londres 1658; J. Visscher apres Berghem, H. Hondius. En

T ij

tout 70 pieces.

CDXXXIV. EMBLESMES D'HORACE.

D'Otho Venius imprimées à Anvers en 1607 de 113 pieces.

CDXXXV. & CDXXXVI. EMBLESMES

De l'Auteur profane, & de l'Amour divin d'Otho Venius, le 1 vol. de 124 pieces & le 2 de 60. En tout 184 pieces.

CDXXXVII. JEAN BAPTISTE FERRARI

De Sienne Jesuiste de la culture des fleurs, son livre en latin imprimé à Rome en 1633, orné de 45 figures du dessin de Pietre de Cortone, & de la gravure de Frideric Greuter.

CDXXXVIII. ELOGES HISTORIQUES

Des Cardinaux François, par le P. Henry Albi Jesuiste, livre imprimé à Paris en 1644, avec les Portraits des mesmes Cardinaux. Il y en a plus de 30.

CDXXXIX. PORTRAITS.

Des Ducs de Ferrare de la famille d'Est avec leurs Eloges en Italien, imprimé à Ferrare chez Catarin Doino en 1641, par le Seigneur Antonio Cariola. Il y a 130 pieces.

CDXL. LES DUCS DE FRISE

De Martin Hamconius, son livre en latin imprimé à Franckar en 1620 avec 52 Portraits debout.

CDXLI. & CDXLII. IMPERATRICES.

Deux vol. des Images des Imperatrices, le premier en latin avec les figures d'Eneas Vicus au nombre de 113, & le 2 en François avec les figures copiées du premier au nombre de 52. Ce livre imprimé à Paris chez Nicolas Sercy en 1646.

CDXLIII. L'ABBE' JOACHIM.

Le livre de l'Abbé Joachim avec les figures imprimé à Venise en 1600, est aujourd'huy tres-rare en Italien, & contient 34 pieces.

CDXLIX. L'ART DE SAULTER,

Par le Fr. Archange Tuccaro de Labruzzo au Royaume de Naples. Son livre imprimé à Paris en 1599 avec des figures.

CDXLV. CDXLVI. CDXLVII. GEORGES VASARI.

Pour son histoire de la vie des Peintres en 3 volumes imprimée à Bologne en 1647, contenant plus de 100 Portraits en bois.

CDXLVIII. GIO BAGLIONE ROMANO,

Pour sa vie des Peintres imprimée à Rome chez Manerso Manel en 1649.

CDXLIX. CARLO RIDOLPHI.

Pour son Histoire de la vie des Peintres Venitiens imprimé à Venise en 1648. Il y a plus de 30 Portraits aprés les dessins du Chevalier Ridolfi, & gravez par Jacques Picinus.

CDL. THEODORE DE BRY.

Pour son livre de la cruauté des Hespagnols dans les Indes Occidentales intitulé, *Narratio Regionum Indicarum per Hispanos quondam devastatarum verissima, per Episcopum Bartholomæum Casaum Hispanum.* Ce livre imprimé à Hoppenheim en 1614.

CDLI. LES MARTYRS DE TEMPESTE.

Pour un livre intitulé, *Trattato de Gli instrumenti di Martirio, &c. opera di Antonio Gallonio Romano Sacerdote della congregatione dell'oratorio.* Ce livre imprimé à Rome en 1591, avec 47 figures d'Antoine Tempeste.

CDLII. UN LIVRE DE CHASSE.

Intitulé, *Venatus & Aucupium Iconibus, & succinctis versibus illustrata per Ioan. Adam Lonicenem Francfortanum*, imprimé à Francfort en 1582. Il y a 39 pieces.

CDLIII. SEBALDEN BEENS ALLEMAN,

Pour son livre du Portraiture imprimé en 1565. Il y a 57 pieces.

CDLIV. MONSTRES.

Fortunius Licetus Genevensis, pour son livre intitulé, *De Monstrorum natura libri duo*, imprimé à Padouë en 1634, avec les figures du dessin de J. Bapt. Bisson, & gravées par MD. au nombre de 55.

CDLV. ODOARDO FIALETTI,

Pour son livre de gli habiti delle Religioni con le armi & breve descrittione, imprimé à Venise, en 1626, contenant 72 figures.

CDLVI. & CDLVII JACQUES PHILIPPE THOMASSIN

De Padouë Evesque d'Æmone pour ses livres des Eloges des Hommes Illustres, imprimez à Padouë en 1644, le 1 contenant 27 Portraits, & le second 45. C'est en tout 72 pieces.

CDLVIII. LES PORTRAITS DES CENT CAPITAINES
Avec leurs Eloges en Italien imprimez à Rome chez Pompilio Totti en 1635. 100 Portraits.

CDLIX. CORNELIUS CURTIUS.
De l'ordre de S. Augustin, & Definiteur general de son Ordre, pour les Illustres du mesme Ordre, dont les Portraits sont gravez par Corn. Galle au nombre de 31.

CDLX. CORNEILLE GALLE,
Pour les figures qu'il a gravées & dessinées dans le livre des vies des principaux Fondateurs des Ordres Religieux, representez dans le Choeur de l'Eglise de l'Abbaye de S. Lambert de Liesse en Hainaut, le livre composé par E. Binet Jesuiste, imprimé à Anvers en 1634. Il y a 41 pieces.

CDLXI. PORTRAITS DES ILLUSTRES
De la famille Colonne dans le livre latin qu'en a composé l'Abbé Ferdinandus Vghellus, imprimé à Rome en 1650. Il y a dans ce livre, & dans un autre de Theodore Galle des illustres Cardinaux 33 Portraits.

CDLXII. PORTRAITS DES ILLUSTRES
Protestants avec leurs Eloges, par Theodore de Beze, au nombre de 85 pieces, y comprenant les 38 Portraits.

CDLXIII. ESOPE.
Les Fables d'Esope en Grec avec des figures en bois du dessin de Titien, 30 pieces.

CDLXIV. CDLXV. & CDLXVI. PERSPECTIVE.
Pratique par un Parisien Jesuiste en trois volumes imprichez Melchior Tavernier, & François Langlois en 1642, contenant plus de 300 figures en taille douce.

CDLXVII. LE PALLADIO.
Des 5 ordres d'Architecture traduit par le sieur le Muet, & dessiné & gravé en taille douce chez François l'Anglois à Paris, contenant 75 pieces.

CDLXVIII. DON HERNANDO DE ACUEVA.
Pour son livre intitulé, *El Cavallero determinado traduzido de lingua Francesa en Castellana*, imqrimé à Anvers avec des figures en 1591. Il y en a 22.

CDLXIX. JUAN DE YCIAR.
Pour son livre intitulé, *Arte subtilissima por laqual se ensena a escrevir perfectamente*, imprimé à Saragoce en 1550. Ce livre est tres-rare, & contient 68 figures.

CDLXX. DON FRANCESCO PIFFERI

Dal monte San Savino Camaldolense Dottor Theologus, pour son livre intitulé, *Brieve discorso sopra i misteri della Corona del Sig.* Ce livre imprimé avec des figures bien dessinées en taille de bois, à Sienne en 1602 Il y en a 39.

CDLXXI. SEBASTIANUS BRANT,

Pour son livre intitulé, *Stultifera Nauis*, apres Jacques Locher, contenant 100 figures en bois, & imprimé en 1490.

CDLXXII. JEAN MEARSIUS,

Pour son livre intitulé, *Athenæ Batavæ*, imprimé à Leyden chez André Cloucquius, & les Elsevirs en 1625, avec des figures de G. Sivan. Il y en a 71.

CDLXXIII. PAUL PETAU, CONSEILLER DU PARLEMENT,

Pour son livre des antiquitez imprimé à Paris en 1610, contenant 43 figures.

CDLXXIV. LES METAMORPHOSES D'OVIDE

Avec de petites figures en bois, imprimées à Lion en 1583.

CDLXXV. AND. ALCIAT,

Pour ses Emblesmes avec des figures en bois, imprimez à Lyon en 1564.

CDLXXVI. CHARLES DE BOUELLES,

Chanoine de Noyon, pour son livre de la Geometrie pratique, à quoy est adjouté l'art de mesurer, par M. Jean des Merliers d'Amiens, Lecteur & Professeur du Roy és Mathematiques. Ce livre imprimé à Paris en 1609, avec des figures en bois.

CDLXXVII. LE SIEUR DU PRAISSAC,

Pour son livre de discours militaires, imprimé en 1610. avec 20 figures en bois.

CDLXXVIII. PIERRE BELON DU MANS,

Pour son livre des Poissons, imprimé à Paris avec des figures chez Charles Estienne en 1555.

CDLXXIX. PIERRE BERTIUS,

Pour son livre des petites Cartes Geographiques, imprimé à Amstredam chez Corn. Nicolas en 1602. Il y a 177 pieces.

CDLXXX. MATHURIN JONSSE,

De la Fleche, pour la perspective positive de Viator Latine & Françoise, imprimé à la Fleche en 1635, avec 55 figures.

CDLXXXI. AND. ALCIAT.

Pour son livre d'Emblesmes en François, imprimé à Lyon avec des figures en 1549.

CDLXXXII. ABRAHAM BOSSE,

Pour son Traité de la Gravure en eau forte, imprimé chez luy-mesme, à Paris en 1645, où il y a 29 figures.

CDLXXXIII. ANDRE' ALCIAT,

Pour son livre d'Emblesmes imprimé à Paris avec d'excellentes figures en bois en 1535.

CDLXXXIV. J. VELDE.

Pour son petit livre d'Emblesmes, avec des vers en Flamen, contenant 63 figures.

CDLXXXV. GIULIO OSSEQUENTE, ET POLIDORE VIRGILE,

Pour leurs livres des prodiges, *par Damiano Maraffi Falis Toscani*, cét ouvrage imprimé à Lion en 1554, avec des figures en bois.

CDLXXXVI. jusques à CDLXXXIX.

EMBLESMES ET DEVISES.

Ces quatre volumes sont donc d'Emblesmes & de devises, le premier sous le tiltre Latin, *De Symbolis Heroicis libri ix. Authore Silvestro Petra Sancta Romano societ. Iesu*, imprimé à Anvers en 1634, avec 200 figures en taille douce de Corn. Galle, aprés P. Paul Rubens.

Le 2 volume contenant 207 pieces pour les Emblesmes & devises Chrestiennes de Georgette de Montenay, imprimé à Lyon en 1571.

Un autre livre d'Emblesmes, avec des vers Latins, mises en lumiere par Gerard de Jode.

Autre livre d'Emblesmes en langage Suedois, par Barth. Hulsius, imprimé à Amstredam chez Crispin de Passe en 1642.

Le 3 volume de 116 figures, des Emblesmes de Florent Schoon hovius Jurisconsulte de Danzich en latin, imprimé en 1618 avec 76 figures.

Les Emblesmes de Jean Mercier Jurisconsulte, avec des vers latins, de la gravure de Queyr. Il y en a 52.

Autres

Autres Emblesmes du cours de ce monde, traduit de l'Aleman d'André, Frideric, & mises en lumiere par Jacques de Zettre, imprimé à Francfort chez Abraham Pacard en 1617, au nombre de 88.

Le 4 volume est des devises heroïques de M. Claude Paradin Chanoine de Beaujeu, imprimé à Lyon en 1557, representée en figures bien dessinées en bois. Il contient aussi un livre intitulé, *Emblemata sacra Stephani Celij montis intercolumniis affixa, studio & opera Iulij Roscij Hortini Tempesta incisor*, en 1599.

Un autre livre Emblematique, intitulé, *De rerum usu & abusu*, avec des figures & des vers latins, & les Fables de Phedrus.

CDXC. & CDXCI. PAULI MACCII

Emblemata, contenant 82 figures gravées par Coriolanus, avec des vers en Italien. Ce livre double.

CDXCII. JOANNES DEVID,

Prestre de la Compagnie de Jesus, pour son livre intitulé, *Veridicus Christianus*, imprimé à Anvers en 1601, contenant 100 figures en taille douce.

CDXCIII. PARIS CERCHIERI,

Pour son livre d'Emblesmes intitulé *Lidea di un prencipe politico Christiano di don Diego Saavedra fachardo representata con bellissime imprese*, apres le Seigneur Dottor Paris Cerchieri, imprimé à Venise en 1648. Il y a 123 figures.

CDXCIV. JERONIMO RUSCELLI,

Pour son livre de devises, qu'il appelle *Imprese illustri*, auquel il ajoute un traité de Vincent Ruscelli de Viterbe, & dedie son ouvrage au Prince Guillaume Gonzague Duc de Mantouë & de Montferrat, lequel est imprimé à Venise chez Francesco de Franceschi Senese en 1584. Il y a 127 figures de Giacomo Franco.

CDXCV. LODOVICO DOLCE,

Pour son livre *D'Improse nobili & ingeniose di diversi Prencipi*, imprimé à Venise chez Girolamo Porro, en 1568. Il y a 73 figure.

CDXCVI. HENRICUS ORÆUS ASSEHEIM,

Pour son livre intitulé, *Viridarium Hieroglifico morale*, où il y a 88 figures Hieroglifiques, imprimé à Francfort en 1619.

V

CDXCVII. GABRIELIS ROLLENHAGII.

*SelectarumEmblematumCenturia*, imprimée à Utrech en 1613, les 100 figures gravées par Crispin de de Passe.

CDXCVIII. MELCHIOR ET MATTHIEU

Freres, pour leur livre d'Emblesmes, pour le Cænotaphe de Ferdinand III Empereur en 1657. où il y a 49 figures.

CDXCIX. PAUL JOÜE EVESQUE DE NUCERRE,

Pour son livre des devises, avec un discours de M. Louys Dominique, sur le mesme sujet, où sont encore adjoutées les devises heroïques, & Morales du Seigneur Gabriel Symon, imprimez à Lyon en 1561. 88 figures.

D. ENTRE'ES DE VILLES.

Celle du Roy Henry II, à Paris en 1549, imprimé à Paris.

Celle de la Reine Catherine son Epouse en la mesme année.

Celle de Charles IX. & le couronnement de la Reyne Elisabeth son Espouse, en 1571.

Le Balet qui fut dancé aux Nopces de Monsieur de Joyeuse en 1582, le tout orné de figures au nombre de 43.

DI. Le LABIRINTHE ROYAL.

De l'Hercule Gaulois triomphant, pour l'entrée du Roy Henry IV. dans la ville d'Avignon, où il y a 12 figures.

DII. JOANNES PAULUS GALLUCIUS SALOENSIS

Pour son livre intitulé, *Theatrum mundi & temporis*, &c. Ce livre imprimé à Venise en 1589, contenant plus de 30 figures Astronomiques.

DIII. ACHILLE MAROZZO Bolognese,

Maëstre Generale *de l'arte de l'armi*, pour son livre Italien, qu'il a fait de l'Escrime imprimé à Modene en 1536, où sont 85 figures en bois.

DIV.

Portraits de personnages illustres en bois, de Graveurs differens, 100 pieces.

DV. TABLES PHILOSOPHIQUES

De Louys d'Esclaches, de la graveure de Fr. Chauveau, & de P. Richer. Il y a 11 pieces.

DVI. CHRISTOPHORUS SCHEINER

Germanosuevus, *de arte de linandi res quaslibet*, livre imprimé à Rome en 1631, avec 16 figures.

DVII. ANDRE' THEVET,

D'Angoulesme, pour son livre de la Cosmographie du Levant, reveuë & augmentée de plusieurs figures, imprimé à Lyon en 1656, ou il y a 32 figures en bois.

DVIII. ENTREE DU ROY HENRY III.

A Mantoüe, imprimé à Paris en 1586. Il y a 11 figures.

DIX & DX.

Armoiries des plus illustres Maisons d'Alemagne en deux volumes par Jean Sibmachon de Nuremberg imprimé en 1605, & 1609, le 1 contenant 226 pieces, & le 2. 157. En tout 383 pieces.

DXXI. L'HISTOIRE ET LE MARTYRE DES SEPT MACHABE'ES,

Selon Joseph, par les observations d'Erasme, avec des figures en bois au nombre de 15.

DXII. GABRIEL SIMEON FLORENTIN,

Pour son livre des illustres observations antiques, imprimé à Lion en 1558, avec des figures en bois au nombre de 103.

DXIII. FIGURES DU NOUVEAU TESTAMENT

En bois en largeur d'une grandeur in 4°. sans nom, sans datte ny sans marque; mais d'une bonne maniere au nombre de 95.

DXIV. PORTRAITS DES PEINTRES FLAMENTS.

D'un livre imprimé à Anvers chez Theodore Galle, au nombre de 84.

DXV. PETIT ARMORIAL ENLUMINE',

Par les soins de quelque Estranger curieux. Il y en a dans ce volume en petit in 8° au nombre de 79.

DXVI. LA PASSION DE NOSTRE SEIGNEUR.

Descrite en vers latins avec des figures en bois de J. Aman, Le livre imprimé à Amstredam en 1523. Il y a 64 pieces.

DXVII. & DXVIII. DEUX BIBLES in 8°.

Avec des figures en bois toutes deux de differente impression, où il y a dans le premier 164 pieces, & dans le second 412 pieces.

DXIX. LES IMAGES DES DIEUX DES ANCIENS,

Du livre Italien de Vincent Cartari, traduit en François par Antoine du Verdier, sieur de Vauprivas, & imprimé à Lyon avec des figures en bois.

DXX. FIGURES DE LA BIBLE,

D'un livre intitulé, *Icones historiarum veteris testamenti*, avec des explications en vers François au dessus de chaque figure, imprimé à Lyon en 1547.

Autre livre intitulé, *Figure de Vecchio testamento conversi Toscani per Damian Maraffi*, imprimé à Lyon en 1554.

Autre livre intitulé, *Figures du nouveau Testament*, avec des huitains François au dessous de chaque figure, imprimé à Lyon en 1570.

DXXI. FIGURES DE LA BIBLE

D'un livre intulé, *Novæ Tobiæ Stemmeri Sacrorum Bibliorum figuræ versibus latinis & Germaticis expositæ*, imprimé à Strasbourg en 1590.

DXXII. AUTRES FIGURES DE LA BIBLE

Dans un livre intitulé, *Harmoniæ Evangelicæ libri quatuor*, imprimé à Paris en 1564.

DXXIII. AUTRES FIGURES DE LA BIBLE

D'un livre intitulé, *Biblia veteris testamenti, & historie artificiose picturis effigiata*, imprimé à Francfort en 1558.

DXXIV. FIGURES DU NOUVEAU TESTAMENT EN BOIS,

Dans un livre intitulé, *La vie de nostre Seigneur*, imprimé à Paris par Conrad Neobar en 1540.

DXXV. LE NOUVEAU TESTAMENT,

Avec des figures en bois.

DXXVI. FIGURES DU NOUVEAU TESTAMENT

D'une maniere fort jolie, dans un livre in seize intitulé *La Tapisserie de l'Eglise Chrestienne & Catholique*, avec des huictains au dessous de chaque figure, le livre imprimé à Paris en 1544.

DXXVII. LACTANCE EN FRANÇOIS,

Avec des figures en bois, imprimé à Paris en 1555.

DXXVIII. ORUS APOLLO DES HIEROGLIF. D'EGYPTE,

Avec des figures en bois bien dessinées. Ce livre imprimé à Paris en 1548.

DXXIX. LA DELIE,

Avec de fort jolies petites figures en bois au nombre de 51, d'un livre imprimé à Paris en 1564.

DXXX. PORTRAITS DES HERESIARCHES,

Au nombre de 17 dans un livre in octavo imprimé à Leyden en 1608.

DXXXI. EMBLESMES D'AMOUR,

Dans un petit livre intitulé, *Emblemata amatoria Georgij Camerarii*, imprimé à Venise en 1627, avec des vers latins derriere chaque figure. Il y en a 77.

DXXXII. CAROLI CLUSII

*Atrebatis rariorum aliquot stirpium per Pannoniam, Austriam & vicinas quadam Provincias observatarum historia.* Ce livre imprimé à Anvers en 1583, est enrichi de plusieurs figures de plantes.

DXXXIII. JEAN DE GLEN LIEGEOIS

Pour son livre d'habits, de mœurs, & des ceremonies ces Nations, avec les Portraits des habits qu'il a taillez, imprimé à Liege en 1601.

DXXXIV. EPITOME EMBLEMATUM

*Panegyricorum Academiæ Altorfinæ.* Ce livre imprimé à Nuremberg en 1602.

DXXXV.

*Insignium aliquot virorum Icones, seu Cadmusii Icones.* Ce livre imprimé à Lyon en 1559, contient 150 pieces.

DXXXVI. GILLES COROZET,

Pour son livre des Antiquitez de Paris imprimé en 1588, contient 50 pieces.

DXXXVII. DXXXVIII. DXXXIX. & DXL.

ANTIQUITEZ ROMAINES

En 4 volumes le 1 Italien par Bernardo Gamucci da san Gimignano contient 39 pieces.

Le 2 en Hespagnol en contient 67

Le 3 encore Hespagnol, imprimé à Rome en contient 96.

Le 4 en François, imprimé à Rome en 1646, en contient 8.

DXLI.

Un livre d'Emblesmes de Pierre Sever Jesuiste, intitulé, *Sacrum Oratorium piarum imaginum.*

Je ne veux point mettre icy en ligne de compte trois livres de l'art de faire des Cadrans & des horologes.

Dix livres de la science Armorique.

Les livres de plantes tels que Mathiole sur Dioscoride, & Alechamp.

Le Virgile, & le Terence avec des figures en bois.

Les Portraits des Hommes illustres, qui se trouve dans les Histoires de Paul Jove.

Le Vegece, plusieurs livres de Medailles, & de Geographie, & autres semblables, parce que cela seroit trop long.

FIN.

# AVERTISSEMENT NECESSAIRE pour le dessein de l'Autheur.

*IE n'ay escrit cét Inventaire que suivant l'ordre des Chiffres que mes Livres d'Estampes se sont trouvez marquez. C'est pourquoy ceux des vieux Maistres ne sont pas les premiers, & ceux qu'on appelle* des petits Maistres, *& beaucoup d'autres, n'y sont pas non plus dans leur rang, parce que j'y ay suivi plustost l'estat & l'ordre des volumes que non pas celuy des temps & du sujet.*

*Il n'en sera pas de mesme dans le grand ouvrage de la vie des Peintres, des Sculpteurs, des Graveurs & des Architectes, que je me propose de donner bien-tost au public. Ie l'ay divisé en plusieurs livres. Le premier desquels sera du motif & de l'occasion que j'ay euë de composer cét ouvrage.*

*Le second sera de l'origine & du progrets des Arts, concernant la Peinture & le dessein en general.*

*Le 3 comprendra l'Histoire de ceux qui en ont esté les Inventeurs, depuis le commencement du monde jusques à l'Empire des Grecs.*

*Le 4 fera le recit de ceux qui s'y sont signalez depuis le temps d'Alexandre le Grand, jusques à l'Empire d'Auguste.*

*Le 5 fera voir quels ont esté les Illustres en ces choses là depuis Auguste, jusques à l'arrivée des Goths en Italie.*

*Le 6 recherchera les noms, la vie & les actions des*

*Peintres, des Statuaires & des Architectes fameux qui ont flori dans les temps Gottiques jusques à la fin du troisiesme siecle, depuis la naissance de Nostre Seigneur.*

*Le 7 livre fera l'Histoire de ceux de cette profession du 14 siecle, & de la moitié du 15.*

*Le 8 se restraindra dans un moindre espace, & ne parlera que de ceux qui ont pris naissance depuis l'année 1450 jusques en 1500.*

*Et parce que desormais les choses presseront un peu davantage, nous reduirons nos livres par Decades, c'est à dire, par dix années, pour chaque livre, en sorte qu'il y en aura dix entiers pour le seiziesme siecle, & six pour le dixseptiesme. Si bien que ce seront en tout 24 livres, où la distinction des Nations sera gardée, & il y aura mesme encore de l'ordre touchant les Professions, afin de ne rien confondre.*

*En suitte je feray un denombrement honorable de tous ceux, qui de nostre temps excellent en ces beaux Arts, desquels je convie, pour cét effet, ceux que je n'ay pas le bien de connoistre, de m'envoyer quelques memoires du lieu de leur naissance, & de leurs beaux ouvrages, afin que je n'en obmette aucun qui puisse honorer nostre siecle & nostre Nation en ces choses là, sous le regne florissant du Roy, qui aime toutes les belles choses, qui les connoist parfaitement, & qui donne mesme si liberalement des marques honorables à plusieurs de l'estime qu'il en fait.*

*Ie sçay que le nombre en sera considerable. Et si quelqu'un s'alloit imaginer que c'est peu de chose d'estre marqué dans une si grande multitude, je répons qu'il trouveroit fort mauvais de n'y estre point marqué du tout: car ce seroit un sujet de croire qu'il n'auroit acquis gueres de reputation ; Et certes je n'ay dessein d'y obmettre que les ignorans , & ceux que les beaux ouvrages n'ont point du tout signalez.*

*Au reste j'y comprendray , si je puis , non seulement tous ceux dont j'ay fait mention dans cét Inventaire ; mais encore plusieurs autres avec ceux dont j'ay marqué les noms dans la table suivante , & dans une autre encore que je donneray ailleurs , sans qu'il soit besoin de s'arrester, s'il y en a quelques-uns de reputation. Tout le monde n'est pas d'un egal merite, & l'histoire des choses plus memorables qui se sont passées dãs le monde, ne s'est point quelquefois abstenuë de nommer des stupides & des ignorans , puis qu'elle parle mesme bien souvent des Traistres & des scelerats , quand cela sert à son sujet. Il en sera de mesme dans ce livre à l'esgard de quelques uns , pour lesquels je sçay bien qu'il ne faut avoir aucune estime ; mais il ne faut pas croire pour cela que j'aye dessein d'y deshonorer qui que ce soit.*

*Messieurs les Marchands ne me doivent point sçavoir mauvais gré de ce que j'ay peut-estre un peu trop exalté , à leur jugement , le prix des belles Estempes que j'ay recueillies dans mon cabinet, cela ne leur fait point de tort ; & j'avouë que j'en ay trouvé plusieurs chez eux de tres-considerables, que je n'eusse pû recouvrer ailleurs , comme il s'y en trouve encore ; Mais d'y en trouver un si grand nombre tout à la fois de diverses que j'en ay dans mon Recueil , c'est ce qui ne seroit pas possible ; parce qu'ils ne s'y sont pas appliquez , leur principal soin ayant esté de debiter aux Curieux les belles choses , qui , de temps en temps sont tombées entre leurs mains , & il faut plusieurs années , avec beaucoup de soin & de depence pour en venir à bout.*

*Ils*

*Ils sçavent, & il est vray, que je me suis appliqué à cette sorte de curiosité devant que plusieurs d'entre eux fussent nez, & que je m'en suis donné tout d'un coup pour mille Louys d'or, ajant pris ce qu'il y avoit de meilleur en ce gēre là du cabinet d'un Curieux, qui vint à deceder il y a dix ou douze ans, pour achever d'assortir ce que j'en avois dans le mien. Cét homme l'avoit ramassé de divers costez avec une depence fort grande, pour des facultez qui n'estoient pas plus fortes que les siennes, & il l'avoit fait avec des soins tres-laborieux : car cela ne se fait jamais autrement, si on ne le rencontre tout du coup. Il y avoit trouvé une satisfaction nompareille, & le credit de mes Amis m'en voulut bien procurer une semblable apres sa mort, sans quoy je ne l'eusse pas entrepris. Mais enfin les choses en sont venuës à un point que mon aage, & la foiblesse de ma vuë, du reste desquels j'ay besoin pour d'autres choses plus importantes, ne me permettant plus de m'y arrester, je me destache aussi fort volontiers de cette affection, qui conviendra beaucoup mieux à une personne plus jeune & plus puissante que je ne suis, non pas que je tienne qu'il faille faire beaucoup de depence à cette sorte de curiosité pour en joüir agreablement, à ceux qui sont riches; mais ce qui est peu de chose pour les grands Seigneurs, est beaucoup pour ceux qui n'ont qu'une fortune mediocre.*

*Cependant, si j'avois à me defaire un jour de mes Estampes, qui sont au nombre de plus de six vingts mille, pourroit-on bien croire, que si quelqu'un les vouloit prendre toutes à cinq sols la piece, sur le pied de cent mille, j'en reserverois volontiers pour moy dix mille à un escu piece, s'il me les donnoit à choisir, & j'en prendrois encore deux cent à un Louys d'or la pie-*

X

ce ? C'est bien, à la verité, une marque de l'estime que j'en fais, mais je sçay bien aussi que je ne m'y trõperois pas, & de plus dequatre-vingts mille, qui resteroient de cent mille, j'en prendrois bien encore vingt mille à quatre & cinq sols piece, parce que je sçay bien qu'elles valent beaucoup plus, mettant en ce rang là, par exemple, les Portraits de Vandick & de Kilian.

Ie ne veux pas nier aussi, que dans un si grand nombre, il n'y en ait peut-estre vingt ou trente mille que je n'estimerois pas moy-mesme separement quarente sols le cent. Mais, sans dire qu'elles sont beaucoup plus considerables que cela aux lieux qu'elles occupent, si j'avois à m'en defaire, je ne les compterois pour rien. Toutesfois de ces petites choses là, je ne regarde que pour une image simple, une feuille où il en paroist plusieurs, comme dans les Cartes des Roys & des Reynes de France, & des autres Princes & personnages illustres; où dans les livres d'Armoiries, tels que pourroient estre ceux de la Colombiere & de Magneney: car je n'ay pas crû qu'il fallust rien negliger pour accomplir le grand dessein que j'avois conceu en ce genre là.

I'ay employé dans cét Inventaire quelques livres de science & des beaux Arts, où il y a des figures, lesquels ont esté imprimez separement; mais je l'ay fait pour m'en ressouvenir, à cause des noms des Autheurs & des Ouvriers considerables que je veux employer dans mon Histoire.

Cependant quelqu'un qui auroit un jour envie d'accroistre une nombreuse & magnifique Biblioteque, de celle-cy, qui est assez singuliere, se pourroit bien passer de ces derniers livres; parce qu'il est croyable qu'ils ne luy manquent pas, & qu'il suffit bien de les avoir une seule fois, sans les multiplier, en ayant d'autres à chercher, puis que le nombre des livres est presque infini. Mais quoy qu'il en soit, ceux-cy sont une fort petite partie de ceux que j'ay composez des plus beaux Ouvrages de dessin, qui se trouvent des Maistres anciens & modernes.

Il ne se faut pas arrester au melange des langues que j'ay fait dans mon Inventaire, parlant des Peintres ou des Graveurs dont j'ay les Ouvrages. Pictor, Inventor & Sculptor, se sont trouvez au bout de la plume, pour Peintre, Inventeur & Graveur, sans y apporter davantage de façon. Et ces lieux-là, ce me semble, n'exigent pas qu'on y recherche davantage de politesse, puis que des naïvetez semblables sont quelquefois commodes, pour ne dire pas qu'elles y apportent souvent quelque sorte d'ornement.

Il n'en sera pourtant pas de mesme dans le corps de l'Histoire que je promets, où je ne veux rien negliger; parce que je me propose de la faire avec beaucoup d'exactitude.

Les matieres en sont toutes prestes, & il n'y a plus que la forme à y donner, & à reduire au moindre espace qu'il me sera possible, un sujet tres-riche & tres-abondant, que personne n'a traité jusques icy, que je sçache, de la sorte que je me le suis imaginé, par le grand fonds que je me suis vû devant moy de ces choses là, qui m'en a fait concevoir le dessein

J'ay regret pourtant de n'avoir point employé mon temps à des choses meilleures; parce ue ren ay bien d'autres à faire qui sont plus de mon goust & de ma profession. Mais il faut suivre quelquefois malgré que nous en ayons, des em-

*ploys, où des habitudes, qui s'acquierent imperceptiblement, nous engagent quand nous y pensons le moins.*

*I'ay mon grand labeur sur les saintes Ecritures, lequel n'est pas encore achevé, n'ayant fait mes Remarques litterales que sur les livres historiques de la Bible, excepté sur les quatre Evangiles, & sur le livre des Actes des Apostres.*

*I'ay mon Gregoire de Tours, non seulement pour ses dix livres de l'Histoire, mais encore pour le reste de ses œuvres, c'est à dire, de la vie des Peres, de ses livres de la gloire des Martyrs & des Confesseurs, & de ceux de la vie de S. Martin, où il y a certainement des choses tres-singulieres.*

*I'ay mon Ammian Marcellin qui est un Autheur tres-difficile & tres-important pour l'Histoire de son temps, où il y aura des notes assez curieuses, aussi bien que sur les six Autheurs de l'Histoire Auguste, lesquels n'ont jamais esté mis en nostre langue, & que j'ay tout faits dans mon cabinet, avec la Chronique commentée de Cassiodore, & celle de Iernandes.*

*I'ay une Histoire aussi toute preste des anciens Comtes d'Anjou, & des Seigneurs d'Amboise, lesquelles nous apprennent des choses tres-considerables de la fin de la seconde Race de nos Roys, & du commencement de la troisiesme, jusques au temps de Philippe Auguste, avec l'origine de plusieurs familles illustres.*

*Cela mesme sera suivi, si j'ay du loisir de reste, de mon Histoire de la Province de Touraine, dont je pense avoir des memoires tres-curieux, pour parler de ses avantages & de ses prerogatives sur d'au-*

*tres Provinces voisines, qui sont sous sa Metropole, & de la fondation de plusieurs de ses Eglises, où il y en a de fort anciennes, aussi bien que des Maisons tres-considerables.*

*Ie pourrois mesmes encore procurer la lumiere de l'edition au Labeur, que j'ay fait sur les Catalectes des Poëtes anciens, dont j'ay cinq livres tous prests, pour les choses qui la peuvent souffrir, sans reproche ( car on peut bien penser que je n'y comprens pas les pieces impures de quelques-uns dont l'on a composé le livre des Iardins de Mecenas ) Et cependant les difficultez qui se rencontrent pour l'intelligence de beaucoup d'autres pieces tres-honnestes, telles que l'Etna de Quintus Serenus, ne se surmontent pas aisement sans beaucoup d'estude.*

*I'ay outre cela composé les vies de quatre cent personnages qui se sont signalez dans les lettres depuis Moyse jusques au 4 siecle depuis Nostre Seigneur, qui sont autant de marques( outre les autres petits ouvrages que j'ay donnez au public, dont je ne parle point icy ) du grand loisir que j'ay eu pendant mes jours, mais que je souhaiterois bien encore d'avoir un peu mieux employez que je n'ay fait pour l'utilité publique, & pour ma propre satisfaction.*

*Ie sçay bien qu'on ne se souciera gueres de tous ces labeurs, & qu'il n'y en aura peut-estre pas un seul qui les mette en consideration parmi tant d'autres livres, où l'on croit trouver beaucoup plus d'instruction & de recreation. Quelques-uns mesmes diront que ce n'estoit pas icy le lieu d'en parler; mais aussi l'occasion ne s'en presente-t-elle pas toujours. & j'ay bien voulu remplir de quelque chose les deux ou trois dernieres pages vuides de cette feüille, où j'ay employé les premieres idées qui se sont offertes à mon esprit, quand ce ne seroit que pour faire connoistre par celles-cy que je serois ravi de contribuer de quelque chose à l'honneste curiosité de ceux qui aiment les belles lettres, de ne faire point de honte à ma patrie, & de trouver quelque secret pour n'estre pas entierement inutile au service du public.*

*La Table suivante fera connoistre les noms de quelques Peintres, Sculpteurs, Statuaires & Architectes illustres, qui ont flori dans les premiers temps, sans parler de ceux qui sont venus depuis, dont le denombrement donnera de l'estonnement.*

# TABLE

## DES NOMS DE QVELQVES PEINTRES

*Statuaires & Architectes, dont il sera fait mention dans les 3. 4. & 5 livres de l'Histoire generale, sans parler d'un fort grand nombre d'autres, qui se sont signalez depui, & que je marqueray autre part.*

A

Aaron.
Actio.
Adrian Emp.
Æginette.
Agamedes.
Agatarche.
Agelades.
Agesander.
Aglaophon.
Agoracritus.
Agræcule E. de Chalon.
Alcamenes.
Alcamenor.
Alcette Arcadien.
Alcimache.
Alcistené femme.
Alevas.
Alexander Polihistor.
Alexandre Severe Emp.
Alexinicus.
Alexis.
Amphion.
Amphistrate.
Amynte Pancratien.
Anaxandre.
Androbius.
Androbulus.
Androcydes.
Anthemius dans Agatias.
Antherme.
Antigone.
Antimache.
Antiphile.
Antisthene.
Antoditus.
Apelle.
Aphrodisius de Trales.
Apion.
Apollodore.
Apollonius.
Apollonius Derghæus.
Arcesilaus.
Archetas.
Architecture.
Archigallus.
Arelius.
Argius.
Aristagoras.
Aristarette femme
Aristide de Thebes.
Aristipe.
Aristocles.
Aristoclides.
Aristodeme.
Ariston.

Cririas

Y

# TABLE.

www.ingramcontent.com/pod-product-compliance
Ingram Content Group UK Ltd.
Pitfield, Milton Keynes, MK11 3LW, UK
UKHW021120220726
13924UKWH00004B/1822

9 782019 663575